中国特色社会主义法制思想研究

▌杜艳艳 刘宇赤 著

中国社会科学出版社

图书在版编目（CIP）数据

中国特色社会主义法制思想研究／杜艳艳，刘宇赤著 . —北京：
中国社会科学出版社，2017.5
ISBN 978 - 7 - 5161 - 9953 - 4

Ⅰ.①中… Ⅱ.①杜…②刘… Ⅲ.①社会主义法制—研究—中国
Ⅳ.①D920.0

中国版本图书馆 CIP 数据核字（2017）第 042046 号

出 版 人	赵剑英	
责任编辑	赵　丽	
责任校对	李　莉	
责任印制	王　超	

出　　版	中国社会科学出版社	
社　　址	北京鼓楼西大街甲 158 号	
邮　　编	100720	
网　　址	http://www.csspw.cn	
发 行 部	010 - 84083685	
门 市 部	010 - 84029450	
经　　销	新华书店及其他书店	

印　　刷	北京明恒达印务有限公司	
装　　订	廊坊市广阳区广增装订厂	
版　　次	2017 年 5 月第 1 版	
印　　次	2017 年 5 月第 1 次印刷	

开　　本	710×1000　1/16	
印　　张	12.75	
插　　页	2	
字　　数	201 千字	
定　　价	56.00 元	

自　序

1978 年中共十一届三中全会的召开，标志着中国改革开放和社会主义现代化建设新时期的开启，同时也标志着中国民主法制建设进入了一个新的历史发展阶段。以邓小平为核心的中共第二代中央领导集体深刻总结中国民主法制建设的经验教训，作出了加强社会主义民主法制建设，使民主制度化、法律化的重大决策。这一决策的提出和实施，为彻底结束"文化大革命"期间无法无天的混乱局面、推动中国民主法制建设走上健康正确的发展道路，奠定了基础，创造了条件。

这一时期，中国民主法制建设所面临的首要任务，就是加强立法，恢复并重建国家和社会的法制秩序，实现国家和社会生活有法可依。中国特色社会主义法制思想，也是从思考这一问题开始形成并发展完善起来的。以邓小平为核心的中共第二代中央领导集体紧紧抓住"民主与法制、现代化建设与法制、执政党与法制"等决定中国法制建设命运的关键问题，着手解决了中国特色社会主义法制建设的主要任务、最高目标、指导思想、建设方针、建设路径等一系列基本问题，为中国特色社会主义法制建设提供了基本的理论框架和方向指南。1978 年至 1992 年是中国特色社会主义法制思想的奠基时期。

1992 年，以邓小平"南方谈话"和中共十四大召开为标志，中国特色社会主义法制思想进入了初步建构和快速发展的历史时期。在推进社会主义市场经济体制改革的新形势下，以江泽民为核心的中共第三代中央领导集体不仅顺利建成了社会主义市场经济法律体系，而且进一步提出了"初步建成中国特色社会主义法律体系"的目标，确立了依法治国的基本方略，一边抓紧立法工作，一边开始推进依法行政、司法改革、法律监督机制建设，为中国实现从"法制建设"向"法治建设"的过渡，奠定了坚实基础。因此，1992 年至 2002 年，是中国特色社会主义法制思想逐步成形、成熟之至关重要的过渡时期。

2002 年，中共十六大的召开，标志着中国进入了全面建设小康社会的历史发展新阶段。中国特色社会主义法制思想在全面建设小康社会的进程中得到了进一步发展和完善。以胡锦涛为总书记的中共中央领导集体在全面继承依法治国思想的基础上，提出了依宪治国、依法执政、依宪执政等法治理念，如期建成了中国特色社会主义法律体系，全方位推进了法治政府建设，完善了权力监督制约机制，并尝试推动中国司法改革向体制性改革转变。通过近 10 年的努力，不仅解决了国家政治、经济、文化、社会生活"有法可依"的问题，而且为中国实现从"法制"到"法治"，从"法治"到"宪治"的根本转变做了必要的准备。因此，2002 年至 2012 年是中国特色社会主义法制思想进一步发展的历史时期。

2012 年，中共十八大的召开，标志着中国步入了全面建成小康社会的关键阶段。以习近平为核心的中共新一届中央领导集体审时度势，果断作出了全面深化改革的重要决定。在这一背景下，中国特色社会主义法制思想得到了全面、深入的发展。中共十八届四中全会专门讨论了全面推进依法治国的问题，首次以专项决议的形式对涉及全面推进依法治国的一系列重大理论和实践问题作了细致全面的部署，不仅确立了建设中国特色社会主义法治体系的宏伟目标，指出了实现这一目标必须坚持的方向、原则和道路，而且对法治建设中需要进一步改革和完善的事项作出了详细的安排，使中国特色社会主义法制理论更加科学、更加完备。这一时期是中国特色社会主义法制思想发展的最新阶段。

从 1978 年中共中央作出加强社会主义法制建设的决定，到 1992 确立建设社会主义市场经济法律体系的目标，再到 2011 年宣告中国特色社会主义法律体系正式形成，及 2014 年中共中央作出建设中国特色社会主义法治体系的决定，中国特色社会主义法制思想的发育演进之路，走过了 30 余年的风雨历程。认真研究新时期 30 余年来中国特色社会主义法制思想发展演进的历史进程，不仅有利于厘清当代中国法制思想发展演变的主要脉络和基本特征，总结和揭示其发展演变的历史经验和现实启示，而且有利于丰富和深化新中国社会主义法制建设史、中国共产党法制思想史的研究。

　　鉴于此，本书从中国特色社会主义理论体系的研究视角，分析概括了中国特色社会主义法制思想的概念、特征、渊源和价值，认为中国特色社会主义法制思想具有鲜明的时代性、浓厚的民族性、典型的开放性、有机联系的整体性特征，其形成和发展有着深刻的理论根源、实践根源和文化根源。本书还从马克思主义中国化史的研究视角，系统梳理了中国特色社会主义法制思想的发展历程，将其划分为奠基、初步发展、进一步发展、最新发展四个阶段，并分析指出了每一个阶段的法制思想对中国特色社会主义法学理论的继承、发展和创新之处。在系统梳理中国特色社会主义法制思想发展历程的基础上，本书运用马克思辩证唯物主义和历史唯物主义的立场、观点和方法，揭示了贯穿于中国特色社会主义法制思想发展始终的规律性特点，总结了中国特色社会主义法制思想发展过程中形成的历史经验和现实启示。

目　录

绪　　论

一　中国特色社会主义法制思想研究的重大意义

2011 年 3 月 10 日，全国人大常委会委员长吴邦国在十一届全国人大四次会议上庄严宣告，中国特色社会主义法律体系已经形成！中国特色社会主义法律体系是中国特色社会主义法制思想与中国特色社会主义法制建设实践相结合的伟大成就。它的形成在中国特色社会主义法制建设史和中国特色社会主义法制思想史上都具有重要的里程碑意义。如果以 1978 年12 月中共十一届三中全会开启改革开放和社会主义现代化建设新时期为历史起点算起，以构建中国特色社会主义法律体系为核心内容和主要标志的中国特色社会主义法制思想发育演进之路，已经走过了 30 余年的风雨历程。研究新时期 30 余年来中国特色社会主义法制思想形成、发展、丰富和完善的历程，不仅有利于厘清当代中国法制思想发展演进的主要脉络和规律性特征，而且有利于加强社会主义法治国家建设，推进社会治理现代化目标的顺利实现，因而具有重大的历史意义和现实意义。

第一，深入研究中国特色社会主义法制思想，有助于深化对中国特色社会主义理论体系的认识。中国特色社会主义法制思想是中国特色社会主义理论体系的有机组成部分和重要内容。它是新中国成立以来特别是改革开放 30 多年来，中国共产党和中国人民奋斗、创造、积累的成就。这一思想反映了改革开放 30 多年来中国特色社会主义法制建设实践的根本要求，是中国特色社会主义法制建设实践的理论指南。没有对中国特色社会主义法制思想的深入研究，就不可能全面、深刻地理解中国特色社会主义理论体系，更不可能继续将中国特色社会主义理论体系的发展创新推至新的高度。

第二，深入研究中国特色社会主义法制思想，有助于全面深化对新中国社会主义法制建设史的认识。新中国社会主义法制建设历经了 60 余年的风雨历程，其中不乏挫折和反复。特别是在"文化大革命"期间，中国社会主义民主法制建设曾遭到前所未有的破坏，国家立法工作完全陷于停顿状态。1978 年中共十一届三中全会在拨乱反正的基础上，重新启动了中国社会主义民主法制建设的马达，并推动中国法制建设走上了正常轨道。2011 年中国特色社会主义法律体系的形成，为未来中国法制建设继续向前发展奠定了坚实的制度基础。加强中国特色社会主义法制思想研究，能够使人们更加全面、深刻地体会到中国法制建设的艰难和曲折，从而倍加珍惜今天法制建设取得的成果。

第三，深入研究中国特色社会主义法制思想，有助于进一步深化对中国共产党执政史的认识。中国共产党在民主革命时期主要依靠党的各项政策来实现其政治主张。新中国成立之后，中国共产党从一个革命党转变为一个在全国范围内执掌政权的执政党，其治国理政的基本方式面临着从依靠政策治理国家向依靠法律治理国家的转变。但是中共对执政方式的探索几经曲折，特别是"文化大革命"期间党政不分、以党代政的状况发展到极致，给国家和人民带来了极大的损失。十一届三中全会之后，中共对执政方式的探索不断深化，逐步向民主和法制的方向迈进。在新的历史条件下，实现"科学执政、民主执政、依法执政"被确立为中共改革和完善执政方式的战略目标。中国特色社会主义法制思想的发展演进，反映了中国共产党执政思想的发展和成熟。加强中国特色社会主义法制思想研究能够使人们更加全面、深刻地认识中国共产党的执政史。

第四，深入研究中国特色社会主义法制思想，有助于深化对世界法制思想的认识。中国特色社会主义法制思想以中国特色社会主义法制建设实践为基础，坚持将继承中国法制传统文化、借鉴人类法制文明成果和实现制度创新有机结合，既有很强的包容性和开放性，又独具特色。它的形成和发展对当今和未来世界法制思想的发展具有重要影响。

第五，深入研究中国特色社会主义法制思想，有助于推进国家和社会治理现代化的伟大实践。分析社会主义法制探索道路中的是非得失，探索中国法制建设的内在规律，寻求"法治中国"建设的具体路径和有效方法，克服历史遗留弊端和现实工作中的缺陷，构建社会主义和谐社会、全面建成小康社会，实现中华民族伟大复兴的"中国梦"是一个有机整体，是整个社会进步不可或缺的积极力量。

二　中国特色社会主义法制思想研究的方法借鉴

（一）两种截然相反的观点

大凡论及法制在中国传统社会的历史地位和作用，普遍存在两种相互对立、而且各自言之凿凿的观点。一方认为中国具有悠久的法制传统，历来是一个非常重视法制的国家。他们指出，中国最早的文献典籍《尚书》中就有了成文法的雏形；秦国更是通过尊法家、重法度、变法图强，最终一统中国；而《礼记》中已经明确记载了相关的立法机制与工作程序；自西汉"罢黜百家、独尊儒术"以来表面是儒家文化，而真正的国家治理还是"名儒实法"。另一方则认为，中国历来是一个人治国家，皇权高于一切；"家国同构"也使得"人情"等多种复杂的社会关系干扰依法办事；强调官员、乡绅等"社会精英"在处理矛盾时的个人权威和影响；反对普通百姓通过诉讼解决争端，尤其不允许有专业代理人（律师）的存在；所谓王子犯法与庶民同罪不过是个案，只出现在侵犯或威胁到了皇权统治的情况下；法规律令虽多，但是随时可用可弃的工具。

同样，对于法制在中共党史中的地位和作用，也有两种相互对立的评价。一者认为中国共产党一贯重视法制建设，早在尚未取得全国政权之前，就在其根据地制定了《中华苏维埃共和国宪法大纲》以及土地法、劳动法、惩治反革命条例和婚姻法等；并建立起了司法机关、确立了司法制度；新中国成立伊始先是制定了《共同纲领》，然后颁布了《中华人民共和国宪法》以及相关的国家机关组织法等一系列法律制度，并且围绕"五四宪法"开展法制教育宣传活动，以法律的形式巩固了人民当家作主的地位。另一者则认为，中共忽视法制建设，强调高度统一，以党代法，通过群众运动解决问题，"文化大革命"期间的乱象，正是长期人治"习惯定式"的逻辑结果。

（二）造成上述观点对立的原因

只要我们把不同的观点论述放在一起比较，并不难发现其中的"奥秘"，而其根源则在于研究方法。

其一，逻辑欠严密。大多以举例代替归纳，往往把个别现象当成一般规律。国家治理是一项十分复杂的系统工程，而且在长期的历史进程中总会出现很多变化和反复，表现在某一类事件甚至是某一个人身上，不同环境下都有可能是不同的形式与结果。可以说无论什么样的观点，要想找几个例证都是轻而易举的事情。而严谨的治学要求我们不仅要以史实为依据，更重要的是要符合认识论、方法论的基本原则，按照严格的逻辑推理分析，透过现象看本质。

其二，讨论不对称。比如对法制这一概念的运用，就有很大的差别，有人把它理解为刑律，也有人理解为法律制度、法律体系，还有人理解为法律机制或者国家社会治理的理念和行为。因此，在讨论法制的职能和作用时，如果站在不同层面思考问题，其结果自然大相径庭。人类社会"发展"到今天，法律制度已是最基本的社会整合手段，从这个意义上说，任何一个相对有秩序的社会，都是高度重视法律制度的。但是，真正体现以法律制约权力，进而保障全体社会成员，尤其是"弱势成员"的利益，则是现代社会进步的成果，从这个意义上说，任何阶段上的古代社会即使法规律令再完善、再系统，也谈不上法治社会。因此，中国历史上到底是重人治还是重法治，中国共产党执政的不同历史阶段到底是重政治还是重法治，关键是看在哪一个层面讨论问题。

其三，把价值判断放在客观史实之前。即先有对事物的好坏定性，然后在定性标准范畴内找依据，比如说对中国历史先给出"灿烂文明""优秀传统"之类的评价，那么与之相适应的依据自然是法制建设"古已有之"历来先进；相反，对中国历史先给出"长期封建专制"的评价，那么与之相适应的依据，则全部来自反面。同样，在中国共产党"伟大、光荣、正确"的定论之下，好像法制建设就不能有问题、有缺陷、有不足、有失误。相反，在中国共产党执政深受封建思想、战时体制和苏联模式的影响因而"高度集权"这一定义之下，似乎中共在法制建设方面所作出的努力又微不足道。如果从先验的主观判断出发，就永远难以看清历史的真相。

其四，脱离现实条件。法制作为上层建筑，离不开具体的社会经济基础。一般而言，在传统社会，尤其是在自给自足的自然经济条件下，人们的生产生活方式具有"同质性"，血缘、亲缘、地缘关系突出，鸡犬相闻、守望相助，因而价值、道德和习俗在调整社会关系时发挥更大的实际作用；

在战时状态下，大家目标一致、利益攸关、生死与共，因而长官、军令是最直接、最有效的调制器，所谓"军人以服从命令为天职"；而在现代社会，社会分工细化、社会流动增速，生产生活方式各不相同、社会关系相对独立、松散，价值追求千差万别，呈现出"异质性社会"特征，因而法制成为现代社会治理的基本原则和普遍方式。如果忽视社会经济基础的巨大变化，就法制而论法制，必然导致两种片面倾向，或者以现代法律体系和法治理念苛责前人；或者以传统道德文化阻碍今天的法治建设进程。

（三）本书运用的研究方法

鉴于以上研究方法的偏颇带来了研究成果上的种种困惑，我们倡导，并且在本著中也力求运用这样一些方法：（1）明确概念，特别是防止"法制和法治"定义上的相互混淆。（2）梳理文献，全面呈现，而不是寻章摘句为我所用。（3）还原历史，把法制思想形成与当时经济社会的重大变化发展紧密联系在一起。（4）客观描述，尽量不做或少做研究者个人的好坏定性或是非判断。（5）注重国情与世情、现实与未来相统一，以更广阔的视域、更长远的未来为着眼点看问题、论发展。

三　中国特色社会主义法制思想研究的概念定位

（一）法制

法制一词，中外古今用法不一，含义也不尽相同。在古代中国，法制一词仅指"刑律"，如《礼记·月会篇》中有"命有司，修法制"，这里的法制就是指刑律；在英语中，法制则用"legal system"来表示，翻译为法律制度或法律体系。在当代中国，对法制的概念理解前后经历了两次争论高潮，一次发生在中共十一届三中全会前后，另一次发生在中共十五大前后。

在第一次争论中，学界对法制概念的认识表现为如下几种观点：第一种意见认为，法制就是国家的法律和制度，包括立法、司法和守法的全部内容。[①] 第二种意见认为，法制除了包含立法、司法和守法之外，还应包

---

① 西北大学法律系编著的《国家和法的理论基本知识》（陕西人民出版社1958年版，第74页）、吴大英《"四人帮"是破坏社会主义法制的罪魁祸首》（《辽宁大学学报》1978年第6期），持有此观点。

括法制宣传教育和法学研究等方面的内容。① 第三种意见认为，法制是法律制度和根据该制度建立的社会秩序。② 第四种意见认为，法制是国家实施管理的一种方式方法。③ 第五种意见认为，对法制概念的理解有广义和狭义之分。从广义上理解的法制是指统治阶级按照自己的意志制定，并由国家强制力保证其实施的制度。它存在于一切阶级社会，包括奴隶制国家、封建制国家、资本主义国家及社会主义国家。从狭义上理解的法制是指产生于民主基础之上的，所有国家机关和社会主体都必须严格、平等遵守的统一的法律制度。它是资产阶级民主革命的产物，只有资本主义国家及比资本主义更先进的国家才有这样的法制。④ 从上述争论中可以看出，这一时期学界对法制概念众说纷纭、莫衷一是，其理论上最大的争议点在于能否用法制一词概括一切法律活动。正是学界对这一问题的认识存在根本分歧，导致了实践中法制一词在使用上的混乱，如在《关于国民经济和社会发展"九五"计划和 2010 年远景目标纲要的报告》中，前文使用了"依法治国"一词，后文却继续沿用了"法制国家"的概念。"法制"与"法治"两个概念长期混用不清的状况蕴育了关于法制概念的第二次大讨论。

中共十五大前后，学界再次掀起了探讨"法制"与"法治"概念的高潮。一部分学者仍然认为，"法制"与"法治"概念的基本内涵和外延是相同的，因而可以相互替代。并认为中共十五大提出的依法治国就是社会主义法制的拓展和升华，法制和法治是同一事物。⑤ 还有学者从静态和动态两个角度对法制概念作了解释。从静态角度看，法制就是指已经确定下来的法律和制度的简称。从动态角度看，法制是包含立法、执法、司法、守法和法律监督在内的一整套法律和制度构成的有机体系。⑥ 另一部

---

① 参见孙国华《法学基础理论》，法律出版社 1982 年版。

② 林向荣《法制一词含义的初步探讨》（《现代法学》1979 年第 1 期）、王子琳《现代法制概念试解》（《现代法学》1979 年第 2 期），持有此观点。

③ 参见李放《谈加强法制的几个问题》，《吉林大学学报》（社会科学版）1979 年第 2 期。

④ 参见谷春德、吕世伦《社会主义民主和法制问题》，中国人民大学出版社 1980 年版，第 36 页。

⑤ 参见《"依法治国"与"以德治国"学习问答》编写组《"依法治国"与"以德治国"学习问答》，中共中央党校出版社 2001 年版。

⑥ 参见卢云主编《法学基础理论》，中国政法大学出版社 1999 年版。

分学者则认为，不应将两者的概念混同。法制是法律制度体系的简称，涵盖了一个国家以法为核心的全部制度上层建筑系统，它是法律调整作用得以发挥的实体工具；而法治则是以政治民主为前提，以普遍守法为目标的社会秩序，是充分发挥"法"这一实体工具作用的基本原则，也是现代国家治理的重大方针。① 有的学者进而认为，法制是一个静态的概念，它不应该包括法律意识和法律文化传统，更不能与法治一词通用。法治是与人治相对应的一种治理国家的理论和方法。法治是动态意义上的概念，它强调的是一个动态的过程，包括法律规范的"立""改""废"，法治思想的形成和发展，法律的实施等三个基本构成部分。它的主要含义是依法治国。②

经过争论，法制与法治两个概念的内涵和外延变得越来越清晰。学者们一致认为：法制就是掌握国家政权的阶级经由国家政权机关所确立的法律和制度，以及运作法律和制度的过程中所形成的一整套活动规则体系。而法治则是一种与人治相对立的治国方略，它贯彻并体现着一整套维护法律至上和保障法律得以普遍遵守的法律原则，代表着一系列重要的法律理念和精神，最终体现为一种合乎上述要求的秩序或状态。③ 进而，学界对法制的认识也进一步提升。有学者提出，"法制"研究的是一个国家法律制度的有无及其健全状况，它的关键在于"制"，突出强调的是法律的"立""改""废"；"法治"则研究的是一个国家的治理状态，它的关键在于"治"，强调法律之实施。④ 也有人在认可法制是国家制定的规则体系概念的基础上，提出"法制"包括两大基本形态，即法的制度形态和法的观念形态。加强社会主义法制建设的过程是一个从法的观念形态到法的制度形态的全方位的建构过程，它的终极目标是建立社会主义法治国家。⑤

---

① 参见孙国华《法制与法治不应混同》，《中国法学》1993 年第 3 期。

② 参见白德全《"法制"与"法治"》，《河北大学学报》（哲学社会科学版）2001 年第 3 期。

③ 参见孙育玮《"法制"与"法治"概念再分析》，《求是学刊》1998 年第 4 期。

④ 参见白德全《"法制"与"法治"》，《河北大学学报》（哲学社会科学版）2001 年第 3 期。

⑤ 参见万斌、倪东《法制概念的逻辑梳理》，《浙江学刊》2000 年第 2 期。

本书在吸收和借鉴前人研究成果的基础上，认为法制的基本内涵是：由国家制定或认可的、集中反映统治阶级意志并由国家强制力保证实行的一国全部现行法律规范的总称。它的外延包括贯穿于立法、执法、司法、守法和法律监督等活动过程中并确保这些活动有效运行的全部法律制度。"法制"与"法治"一词是内涵不同但又相互联系的两个概念。中共十八大报告指出，"法治是治国理政的基本方式。要推进科学立法、严格执法、公正司法、全民守法，坚持法律面前人人平等，保证有法必依、执法必严、违法必究。"① 可见，"法治"一词侧重于强调制定并遵守"良法"，它要求将整个社会的运行过程尽可能全部纳入法制轨道。即在法制不完善时，侧重强调立法；在现实发生改变时，强调及时对法进行修改；在法制基本完备时，则侧重强调法制的实现。由此可知，法制既是"法治"的前提，又是"法治"的结果。

（二）法制思想

一般意义上讲的法制是法的现实形态，它指的是法律制度体系。而法制思想是法制的理论或观念形态，它指的是一定阶级关于法律形态和法律制度现象的根本观点和看法，属于法律精神现象。法制思想与法律制度密不可分。"以一定的法律思想为指导，才会产生一定的法律制度；一定的法律制度必定会直接或间接地反映一定的法律思想。"② 法制思想对法律制度具有重要的导向功能，直接影响法律制度的发展状况；法律制度则体现和反映着当时一定阶级的法制思想水平和认知状况。

法制思想是一个历史范畴，它随着阶级和国家的产生而产生，集中反映和服务于一定阶级的经济利益，并随着社会经济关系的改变不断发展变化。根据法制思想所反映的阶级利益，可以将近代以来的法制思想划分为资产阶级法制思想和马克思主义法制思想。资产阶级法制思想通常被认为是近代资本主义发展的产物，是维持、巩固资本主义市场经济所需要的社会秩序而提出的一系列法律理念，如"主权至上""个人权利""权力制约""民主""法治""自由"等均是西方法制思想的核心价值和理念。马克思主义法制思想则是在无产阶级反抗资产阶级统治的过程中形成的，

① 《中国共产党第十八次全国代表大会文件汇编》，人民出版社 2012 年版，第 25 页。
② 王立民：《法律思想与法律制度》，中国政法大学出版社 2001 年版，第 1 页。

为了建立适应全人类自由、解放的社会秩序而提出的一系列法律理念，如马克思主义经典作家揭露了资本主义法的本质，认为它是资产阶级生产关系和所有制关系的产物，反映了资产阶级的意志，是由资产阶级的物质生活条件决定的。① 不仅如此，马克思主义经典作家把"每个人的自由发展"提升到了人类社会终极理想、人类彻底解放的高度，并得出了自由是"全部精神存在的类本质"②，并由此推出了关于人类解放的概念——共产主义。

法制思想作为法的观念形态，具有历史继承性，它永远处于新旧承继、转换和发展的历史联系之中。根据法制思想发展的继承性，可以将法制思想划分为古代传统法制思想与当代法制思想。如中国古代传统法制思想是产生于中国古代经济、政治、社会、文化基础上的法制观念的总和，而中国当代法制思想则是产生于当代中国经济、政治、社会、文化基础上的法制理论形态。虽然二者产生的基础和基本内容完全不同，但是，中国古代传统法制思想是中国当代法制思想的"源"，不了解中国法制思想的过去，就无法走向中国法治建设的未来。"我们必须肯定我们自己背上有东西，有我们在背它，我们才可以将中国文化背进世界文化中去。如果我们背上空空如也，只剩西欧传统，则我们没有资格背负中国文化了。"③

因此，在研究法制思想时，必须注意法制思想的继承性。切忌："其一，因19世纪受挫于侵华的列强而引起的自我怀疑和自我否定的精神状态；其二，阻碍对中国历史的问题进行细致研究的学术怠情；其三，挫折和无知所驱动的、草率地抛弃中国传统的渴望，却忘却了旧式的法律和制度改变起来相对容易，旧式的思维和实践却难以根除；其四，西方的观念、制度和实践看上去对其在攫取世界权力和积累物质财富方面所取得的胜利起了作用，因而盲目信仰之；其五，中国看法和价值观的沙文主义主张，和对外来影响的憎恨与排斥；其六，受惑于眼前利益，而不顾他们可能危害长远目标的实现；最后，梦想运用法律制度，实现绝对公正或完美

---

① 参见《马克思恩格斯选集》（第1卷），人民出版社1995年版，第289页。
② 同上书，第171页。
③ 许倬云：《中国文化与世界文化》，广西师范大学出版社2006年版，第208页。

和谐的不切实际的心态。"① 张玮仁进而指出，只有避免落入这些陷阱，改革者们才能考虑所有好的法律观点，不论中国的还是西方的，不论古代的还是现代的；才能成功缔造新的法律体系，实现不同群体利益诉求的平衡。

（三）中国特色社会主义法制思想

中国特色社会主义作为法制思想的定语，这里包含双重意义。其一是性质界定，表明它既是符合科学社会主义基本规律的，又是在中国国情土壤里生长的，是中国共产党领导人民探索社会主义的理论、道路和制度成果。其二是时代界定，指中国特色社会主义建设时期。1982 年 9 月 1 日，在中共十二大开幕式上，邓小平第一次提出"建设有中国特色的社会主义"② 这一新的命题。2002 年 11 月 8 日召开的中共十六大上，江泽民进一步明确"开创中国特色社会主义事业新局面"③。而现在还有众多党史研究专家认为，中国特色社会主义的探索肇始于 20 世纪 50 年代中期，以毛泽东《论十大关系》和中共八大分析阶级关系和国内主要矛盾变化、提出"把党的工作重点转向社会主义建设"为标志。那么，作为一个历史时期，"中国特色社会主义"到底如何划定？现在通行的做法是：与改革开放同步，也就是以 1978 年党的十一届三中全会为起点。因此，本书研究的中国特色社会主义法制思想，就以这样一个时间段的法制思想为研究对象。

四　中国特色社会主义法制思想研究的文献梳理

中国特色社会主义法制思想是改革开放以来马克思主义法制思想与中国社会主义法制建设实践相结合的产物，它由以邓小平为核心的中共第二代中央领导集体的法制思想、以江泽民为核心的中共第三代中央领导集体的法制思想、以胡锦涛为总书记的中共中央领导集体的法制思想及中共十八大之后以习近平为核心的中共新一届中央领导集体的法制思想等几个部分组成。因此，本书即从以下几个方面进行相关的文献梳理。

---

① 张玮仁：《中国古典规范理论及其对传统法制发展的影响》，《第 24 届国际法哲学与社会哲学大会论文集》，中国法制出版社 2010 年版，第 256 页。

② 《邓小平文选》（第三卷），人民出版社 1993 年版，第 3 页。

③ 《江泽民文选》（第三卷），人民出版社 2006 年版，第 528 页。

（一）关于中国特色社会主义法制思想的宏观研究

部分学者从中国特色社会主义理论体系的研究视角入手，认为中国特色社会主义法律理论是其重要组成部分，不同时期的法律理论之间既有阶段性又有连续性、继承性。[①] 卢华锋、牛玉兵分析了三代领导人法制思想的相通之处和差异之处，认为三代领导人法制思想在人民利益本位的基点上一以贯之，在立法原则上前后相承，在法律实施上都强调严格执法，在提高公民法制意识上都重视法制教育；差异之处在于对法制的功能、民主与法制关系认识及治国方略上有区别。[②] 张剑波认为中国特色社会主义法制思想包括邓小平理论中的法制思想、江泽民时期的"依法治国、建设社会主义法治国家"思想和胡锦涛时期依法执政、社会主义法治理念思想。并认为，"实事求是、与中国国情相结合"，"坚持党的领导、人民当家作主和依法治国相统一"，"坚持党的事业至上，人民利益至上、宪法法律至上"是中国特色社会主义法制思想的基本原则。[③] 可见，学界对中国特色社会主义法制思想基本构成及主要内容的认识基本一致，只是有的学者侧重整体研究，有的则侧重比较研究。

（二）关于以邓小平为核心的中共第二代中央领导集体法制思想的研究

在中国知网上，以"邓小平法制思想"为主题词可以搜索到 900 多篇论文，以"邓小平法制思想"为篇名可以搜到 300 多篇文章。另外，在国家图书馆可以查到 10 多部关于邓小平法制思想的著作。由此可知，学界对邓小平法制思想的研究比较成熟，研究成果也非常丰硕。这些研究主要集中在以下几个方面。

第一，关于邓小平法制思想的地位和价值研究

学界对这一问题大致有以下四种认识：第一种认为邓小平法制思想是

---

① 参见朱景文《中国特色社会主义法律理论的形成和发展——纪念改革开放 30 年》（《法学家》2008 年第 6 期）、严励《马克思主义法律思想的发展与创新——以中共三代领导集体核心的法律观为视角》（《法治论丛》2006 年第 3 期）。

② 参见卢华锋、牛玉兵《三代领导人法制思想探析》，《电子科技大学学报》（社会科学版）2006 年校庆专辑。

③ 参见张剑波《中国特色社会主义法制思想研究》，硕士学位论文，西南政法大学，2010年。

中国实现从人治到法制，从法制到法治转变的理论基础。① 第二种认为邓
小平法制思想是中国法制建设走向现代化的重要开端。② 第三种认为邓小
平法制思想是一个系统完整的关于中国特色社会主义法制建设的思想理论
体系，它实现了马克思主义法制思想和学说在新的时代条件下的发展和创
新。③ 第四种认为邓小平法制思想肯定了法制的经济职能与社会职能，确
立了法制在中国社会主义现代化建设中的重要地位，揭示了社会主义经济
建设与法制建设之间的内在联系和时代特征。④ 学界这几种具有代表性的
观点基本上可以全面展示邓小平法制思想的地位和价值，因此，这些观点
对今后深入研究这一问题有重要参考价值。

第二，关于邓小平法制思想的形成过程与历史背景研究

学界对邓小平法制思想形成过程的研究，基本形成了以下几种观点，
一种认为邓小平法制思想的形成可以划分为 1978 年中共十一届三中全会
前和中共十一届三中全会后两个阶段⑤；另一种认为邓小平法制思想萌芽
于抗日战争时期、形成于 1978 年、成熟于 1987 年之后"⑥。还有一种认
为邓小平法制思想的形成可以分为四个阶段，但他们关于如何划分四个阶
段看法并不完全一致。如，有的学者认为，邓小平法制思想经历了萌芽
（1978 年以前）、形成（1978—1979 年）、发展（1980—1986 年）、成熟
（1987 年以后）四个阶段；蒋传光则认为邓小平法制思想萌芽于抗日战争
至 1975 年，形成于 1978 年中共十一届三中全会至 1982 年中共十二大，

---

① 郑泰安《"以人为本"的立法模式是对邓小平法制思想的深化》（《毛泽东思想研究》
2006 年第 1 期）、李新明《邓小平法制思想初探》（《湘潭大学社会科学学报》2000 年第 6 期），
均持有此观点。

② 公丕祥《邓小平的法制思想与中国法制现代化》（《中国法学》1995 年第 1 期）、王友才
《邓小平法制思想与中国传统法制的转型》（《河北学刊》1995 年第 6 期）、杨廷文和袁梅《邓小
平法制思想简评》（《西华大学学报》（哲学社会科学版）2004 年第 3 期），均持有此观点。

③ 参见张德森《邓小平法制思想是建设社会主义法治国家的指南》，《法商研究》1997 年
第 6 期；乔伟《邓小平法制思想论纲——建设有中国特色的社会主义法制》，《文史哲》1997 年
第 3 期。

④ 参见谢高仕《邓小平民主法制思想的理论内涵与实践价值浅析》，《探求》2002 年第 2
期。

⑤ 参见邴长策《从法制到法治——浅论邓小平法制思想的演变》，《华南农业大学学报》
（社会科学版）2004 年第 4 期。

⑥ 参见沈志先《试论邓小平法制思想主要贡献》，《法治论丛》2004 年第 6 期。

逐步展开于 1982 年中共十二大至 1987 年中共十三大，成熟于中共十三大至 1992 年邓小平"南方谈话"。① 由于划分的标准不同，学界对邓小平法制思想形成过程的认识不尽相同，但有几个重要的时间点是学者们公认的标志性节点，如 1978 年、1987 年、1992 年等。这些时间节点同样对中国特色社会主义法制思想研究具有重要意义。

关于邓小平法制思想形成的背景，学界普遍认为它是在深刻总结历史教训、清醒认识中国国情、借鉴其他国家社会主义兴衰成败历史经验、不断深化改革开放和现代化建设实践中形成的。② 也有人从邓小平法制思想的理论来源上进行了分析，认为马克思列宁主义法学理论是其理论基石；以毛泽东为代表的中共第一代领导集体的法律思想是其直接理论来源；中国传统法律文化中的法制观点是其内在要素。③

第三，关于邓小平法制思想内容的研究

学界对邓小平法制思想包含的内容见仁见智，作出了各种不同的归纳和概括。有的学者将邓小平法制思想概括为"制度建设的重要性""社会主义法制建设的基本方针""一手抓建设，一手抓法制"三个组成部分④。有的学者将邓小平法制思想归纳为实行依法治国、重视加强立法、司法、注重开展法学教育等几个方面⑤。有的学者将其归纳为处理民主与法制、党的领导与法制、经济建设与法制、教育与法制等几者之间的关系⑥。有的学者则将邓小平法制思想划分为法学理论、宪政思想、经济法制思想、

---

① 参见蒋传光《邓小平法制思想概论》，人民出版社 2009 年版，第 19—22、30—33 页。

② 刘维林《30 年来依法治国理论与实践的发展》（《新视野》2009 年第 1 期）、沈志先《试论邓小平法制思想主要贡献》（《法治论丛》2004 年第 6 期）、韩石锁《论邓小平民主法制思想》（《社会主义与市场经济——全国社会主义与市场经济学术交流大会论文集》1999 年 11 月）、徐久刚《试论邓小平的法制思想》（《政法论坛》1993 年第 1 期），持此观点。

③ 参见侯菊英、武甜《浅论邓小平法制思想的理论来源》，《公民与法》2010 年第 8 期。

④ 参见朱景文《中国特色社会主义法律理论的形成和发展——纪念改革开放 30 年》，《法学家》2008 年第 6 期。

⑤ 参见刘帮湖《论邓小平的法制思想》，《毛泽东思想研究》1999 年第 2 期；赵常伟《论邓小平社会主义法制思想》，《山东理工大学学报》（社会科学版）2012 年第 1 期。

⑥ 李云翔、陈远飞《邓小平的法制思想与依法治国的新篇章》（《学术交流》1999 年第 2 期）、李新明《邓小平法制思想初探》（《湘潭大学社会科学学报》2000 年第 6 期）、刘娟《邓小平法制思想的核心》（《毛泽东思想研究》1999 年第 2 期）、孙国华和朱景文《邓小平民主与法制思想是毛泽东思想的继承和发展》（《政治学研究》1996 年第 2 期），持有此观点。

刑事法制思想等。① 也有学者将其归结为法制发展战略论、民主法制关系论、依法治国论、法制立国论、法制发展论五个部分。② 还有学者将其概括为法制保障论、稳定论、特色论、结合论、平等论五个基本内容。③ 尽管学界对邓小平法制思想内容的概括各不相同，但仅仅是角度不同而已，并不存在本质上的差别，从新的角度着手仍然可以作出新的概括。

第四，关于法制建设道路的研究

学界普遍认为邓小平始终强调要立足中国国情，从本国具体实际出发，在借鉴别国经验和模式的基础上，走具有中国特色的民主法制建设之路。④ 其中，刘隆亨认为，邓小平民主法制建设已经形成了一套科学、系统的理论认识。如坚持从实际出发，走具有中国特色的民主法制建设道路；将加强民主法制建设看作中国最重大的政策之一、中国政治体制改革的总目标之一，确立了民主法制建设的重要地位；坚持法制建设要注意方式方法，要有步骤、有领导；并将民主法制建设当作物质文明和精神文明建设不可分割的组成部分，注重把民主法制建设与两个文明建设一起抓；在民主法制建设同四项基本原则、改革开放两个基本点的关系上，要把民主法制建设当作两个基本点的重要组成部分等。⑤ 中国法制建设道路的探索起始于邓小平，探索中取得的成果是他对中国法制建设的重大贡献，学界对这一问题的认识是一致的。

第五，关于邓小平法制思想特点的研究

学界对邓小平法制思想特点的分析更是多种多样。如有的学者认为，邓小平法制思想具有鲜明的时代特征。有的认为，邓小平法制思想具有创造性、导向性、群众性、实践性等特点。⑥ 有的则认为邓小平法制思想具

① 黄淑华《邓小平法制思想简述》（《法学》1997 年第 4 期），王继军、张林江《邓小平法制思想论纲》（《山西大学学报》（哲学社会科学版）1998 年第 1 期），蒋传光《邓小平法制思想与法治》（《理论建设》2004 年第 4 期），持有此观点。

② 参见张文显《邓小平民主法制思想的基本内容》，《吉林人大工作》1998 年第 7 期。

③ 参见林凤章《邓小平法制思想的五个基本点》，《人民论坛》1996 年第 7 期。

④ 姚向阳《邓小平的民主法制思想》（《政法论丛》1999 年第 1 期）、徐显明和齐延平《邓小平民主法制思想和依法治国理论述要》（《山东社会科学》1998 年第 1 期），持有此观点。

⑤ 参见刘隆亨《邓小平民主法制思想初探》，《检察理论研究》1994 年第 5 期。

⑥ 参见徐选炳《邓小平法制思想初探》，《政法学报》1994 年第 4 期。

有很强的针对性、时代性，并具有务实性、战略性等鲜明特色。① 也有的学者将邓小平民主法制思想的基本特征归纳为：坚持继承与创新并举，突出以创新为主；坚持国内与国际接轨，突出以国情为本；坚持稳定与发展相结合，突出以稳定为前提。② 尽管这些归纳总结各有千秋，但从总体上它们互为补充，从不同角度展示了邓小平法制思想的特点。

（三）关于以江泽民为核心的中共第三代中央领导集体法制思想的研究

在中国期刊网上，以"江泽民法制思想"为主题词仅能搜索到 80 多篇文章，但以"依法治国"为主题词进行搜索，则能搜到 2000 多篇文章。另外，国家图书馆收藏有与"依法治国"相关的著作 40 多本。从总体上看，学界对以江泽民为核心的中共第三代中央领导集体法制思想的研究比较深入，研究成果也比较丰富，这些成果大多集中在以下几个方面。

第一，关于江泽民法制思想的历史地位和价值研究

对这一问题学界有两种看法。一种观点认为，江泽民依法治国思想是中国社会主义法治建设的重要里程碑，为中国法治建设乃至社会主义政治文明建设提供了方向和指南，它开拓了马克思主义的新境界，是马克思主义法律思想与中国实际相结合的第三次伟大创新。③ 另外一种观点认为，江泽民依法治国思想顺应了世界法治建设的潮流，深刻揭示了社会主义国家政党执政的基本规律，适应了中国生产力发展的根本要求，是马克思主义法学理论在当代中国的重大发展，也是世界法制发展史上的伟大创新。④ 学界这些评价已经可以充分反映出江泽民法制思想的重要地位和价值，特别是对他在中国"法治"建设方面的评价，值得充分肯定。

第二，关于江泽民法制思想形成过程的研究

在探讨研究江泽民法制思想的形成过程时，付子堂突出强调这样一些

---

①　参见韩石锁《论邓小平民主法制思想》，《社会主义与市场经济——全国社会主义与市场经济学术交流大会论文集》1999 年 11 月。

②　参见李龙《论邓小平民主与法制思想的基本特征》，《武汉大学学报》（哲学社会科学版）1995 年第 3 期。

③　参见付子堂《把握江泽民社会主义法治思想的精髓》，《重庆日报》2006 年 9 月 18 日第 006 版；王云飞《江泽民法治思想与依法治国》，《大连大学学报》2003 年第 1 期。

④　参见公雪明《论江泽民的法治思想》，《南京社会科学》2003 年增刊（"三个代表"理论与实践研讨会专辑）。

标志性事件：如，1996 年 2 月，江泽民发表《依法治国，保障国家长治久安》的重要讲话；1996 年 3 月，国家将"依法治国，建设社会主义法制国家"作为一个基本方针确定下来；1997 年 9 月，将依法治国思想写进中共十五大报告；1999 年 3 月，将依法治国思想载入宪法。① 学者彭程甸甚至还关注到 1989 年 9 月江泽民关于"我们绝不能以党代政、也绝不能以党代法"的讲话，以及中共十四届三中全会确立的在本世纪末初步建立适应社会主义市场经济的法律体系的目标等。② 学界对这些标志性事件的把握，表明这些事件正是研究中共法制思想发展变化的重要线索。

第三，关于江泽民法制思想主要内容的研究

学界关于江泽民法制思想内容的研究有以下几种观点：有的学者认为，江泽民法制思想包括建设法治国家、将改革发展的重大决策同国家立法相结合、注重加快立法工作速度与提高立法质量相结合、积极推进司法改革和行政体制改革、不断完善民主监督机制等几个方面。③ 有的学者认为，江泽民法制思想包括确立依法治国基本方略，阐明依法治国基本内涵，厘清执政党与法制的关系，突出依法治权等问题。④ 也有的学者从宪法和部门法的角度研究江泽民的宪政观、刑法观、经济法观、军事法观、国际法观等法治思想。⑤ 通过对主流观点的梳理可以看出，学界对江泽民法制思想内容的概括基本沿袭了对邓小平法制思想的概括方式，创新之处都集中在了具体观点和基本内容上。

第四，关于江泽民法制思想特征的研究

关于江泽民法制思想的特征，学界从不同的角度进行了分析，比较有代表性的观点有：一种认为江泽民依法治国思想具有全局性、实践性和创

---

① 参见付子堂《把握江泽民社会主义法治思想的精髓》，《重庆日报》2006 年 9 月 18 日，第 006 版。

② 参见彭程甸《江泽民法治思想初探》，《湖南大学学报（社会科学版）》2000 年第 1 期。

③ 参见李云翔、陈远飞《邓小平的法制思想与依法治国的新篇章》，《学术交流》1999 年第 2 期。

④ 参见阎朦《邓小平民主法制思想的新发展——依法治国建设社会主义法治国家的治国方略》，《理论导刊》1998 年第 7 期。

⑤ 参见冯祥武《江泽民的部门法观论析》，《中山大学学报论丛》2007 年第 6 期；沈志先《马克思主义法律思想中国化的新成果——江泽民法治思想初探》，《毛泽东邓小平理论研究》2011 年第 7 期。

新性特征。① 另一种认为江泽民法制思想的特色体现在法治界定的独特性、法治构架的科学性、法治实现的彻底性及法治应用的广泛性等几个方面。② 这两种观点基本上把江泽民法制思想独具特色的地方提炼出来了，但是江泽民法制思想在整个中国法制体系构建过程中与其他阶段的关系如何、不同所在，还需要在今后的研究中进一步挖掘、补充。

（四）关于以胡锦涛为总书记的中共中央领导集体法制思想的研究

在中国期刊网上以"胡锦涛法制思想"为主题词进行搜索，仅能搜索到 8 篇文章，学界也没有专门研究这一时期中共中央领导集体法制思想的专著。可见，对胡锦涛法制思想的研究还处在起步阶段，研究成果也还集中在如何准确概括胡锦涛法制思想和如何把握其科学内涵上。

第一，关于如何概括胡锦涛法制思想的研究

付子堂认为，中共十六大以来的法治思想由"人本法律观"及其指导下的和谐法治观、法治理念观、民生法治观和依法执政观共同构成。③ 朱振辉则将中共十六大以来的法治思想概括为"科学发展观指导下的法治思想"，"以人为本"体现了当代中国法治建设的根本价值标准，"和谐"则反映了当代法治建设的理想追求，"公正自由"体现了当代法治建设的目的和归宿，"效益"则体现了法治建设的时代要求。④ 可见，对如何概括胡锦涛法制思想学界还没有形成统一的认识，但以上两种概括方式在某种程度上都反映了胡锦涛法制思想的本质，可供参考。

第二，关于胡锦涛法制思想内容的研究

刘维林将胡锦涛对法制建设的贡献概括为：逐步树立社会主义法治理念，形成中国特色社会主义法律体系，积极推进依法执政，顺利实施法治政府建设，不断深化司法体制改革，深入开展普法教育。⑤ 乔中国、张惠

① 参见公雪明《论江泽民的法治思想》，《南京社会科学》2003 年增刊（"三个代表"理论与实践研讨会专辑）。

② 参见陈仲、廖冲绪《论江泽民同志法制思想的特色》，《毛泽东思想研究》2009 年第 5 期。

③ 参见付子堂《科学发展观对社会主义法治国家建设的指导》，《人民法院报》2008 年 9 月 3 日，第 005 版。

④ 参见朱振辉《论科学发展观的法治思想》，《沈阳工业大学学报》（社会科学版）2009 年第 2 期。

⑤ 参见刘维林《30 年来依法治国理论与实践的发展》，《新视野》2009 年第 1 期。

萍、刘元华认为，胡锦涛非常注重依法治国基本方略的贯彻落实，全面深刻地阐述了依法治国各要素之间的关系，提出了依法治国首先要依宪治国的观点，特别要求各级领导干部要加强对法律的研究，此外，还提出了提高立法质量应注意的诸多问题等。① 虽然学者们概括出了一些胡锦涛法制思想的基本内容，但还不够完整和充分，例如，对于中国人权保护法制化、民主实现形式制度化的问题，对依法行政、依法执政及建立法律监督体系的问题，等等，都没有包括进去，因此还需要进一步补充、完善。

第三，关于胡锦涛法制思想形成特征的研究

李继辉认为，胡锦涛法制思想是在继承、发展依法治国方略的基础上形成的。它的特征集中体现在"和谐"二字上，即"依法治国"、"依宪治国"是构建和谐社会的必然要求，公平正义是构建和谐社会的价值追求，以人为本是构建和谐社会的基本原则，完备的立法是构建和谐社会的制度依据，公民守法是构建和谐社会秩序的基本要求，依法行政、司法公正是推进和谐社会建设的重要保证。② 付森认为胡锦涛法制思想具有以下特征："坚持党的事业、人民利益、宪法法律至上"是社会主义法治的必然要求，"坚持党的领导、人民当家作主、依法治国相统一"是社会主义法治的本质属性。也有学者研究了科学发展观与胡锦涛法制思想的关系。如赵修安认为，科学发展观的提出与实践对中国法治建设提出了新的要求，社会主义法治建设要自觉贯彻落实科学发展观，以中国特色社会主义理论为统领，坚持以人为本，维护社会公平正义，为构建和谐社会提供法治支撑。③ 尽管学界对胡锦涛法制思想特征的分析概括取得了一些成果，但无论是从数量还是从质量上看，这些成果都还不足以充分展示胡锦涛法制思想的独特之处，还需要进一步加大研究力度。

（五）关于中共十八大之后中国特色社会主义法制思想的研究

第一，关于中国特色社会主义法制思想向法治思想转变的历史起点研究

---

① 参见乔中国、张惠萍、刘元华《全面建设小康社会的法治之维——胡锦涛对邓小平、江泽民法制思想的坚持与发展》，《理论探索》2005 年第 5 期。

② 参见李继辉《胡锦涛和谐法治观探析》，《理论观察》2013 年第 6 期。

③ 参见赵修安《我国法治发展必须以实现科学发展作为根本价值取向》，《广西社会科学》2009 年第 8 期。

学界普遍认为，中共十八大将中国法治建设的目标从法律体系构建转向了全面推进立法、执法、司法和守法的法治体系建设。因此，中共十八大的召开是"中国特色社会主义法律体系"向"中国特色社会主义法治体系"转变的历史起点①，故也是法制思想向法治思想转变的历史起点。

第二，关于中国特色社会主义法治体系基本内涵和基本框架的研究

聂秀华、邱飞认为，坚持党的领导、人民当家作主和依法治国的有机统一是中国特色社会主义法治体系的核心与精髓，这一法治体系的价值取向是实现公平正义，基本原则是尊重和保障人权，根本要求是维护法律权威，其内在机制是权力合理配置基础上的有效监督制约。② 吕廷君认为中国特色社会主义法治体系的内涵包括科学立法、严格执法、公正司法、全民守法等内容。③ 魏治勋认为，中国特色社会主义法治体系是一个系统工程，包含立法、执法、司法、守法和法律监督等多个子系统。④ 这些研究能够准确反映中国特色社会主义法治体系的本质特征，对我们深刻把握中共新一届中央领导集体的法制思想具有重要的启迪意义。

第三，关于中国特色社会主义法治体系价值的研究

聂秀华、邱飞认为，法治是党领导人民治国理政的基本方略，是科学发展的前提，是民主政治和政治体制改革的重要内容，是各项改革制度的升华，是社会管理的保障，是文化发展的推进器，是反腐倡廉的利器，也是政治清明的基础。⑤ 吕廷君认为，中国特色社会主义法治体系的核心价值是自由、平等、公正、法治⑥。学界对中国特色社会主义法治体系价值

---

① 徐显明《中国法治发展的十个趋势判断》（《法制资讯》2012 年第 8 期）、魏治勋《从法律体系到法治体系——论党的十八大对中国特色社会主义法治体系的基本建构》（《北京行政学院学报》2013 年第 1 期）、聂秀华和邱飞《对构建中国特色社会主义"法治体系"的理论思考——学习党的十八大关于法治建设的论述》（《齐鲁学刊》2013 年第 2 期）、吕廷君《建设中国特色社会主义法治体系》（《新视野》2013 年第 1 期），均持有此观点。

② 参见聂秀华、邱飞《对构建中国特色社会主义"法治体系"的理论思考——学习党的十八大关于法治建设的论述》，《齐鲁学刊》2013 年第 2 期。

③ 参见吕廷君《建设中国特色社会主义法治体系》，《新视野》2013 年第 1 期。

④ 参见魏治勋《从法律体系到法治体系——论党的十八大对中国特色社会主义法治体系的基本建构》，《北京行政学院学报》2013 年第 1 期。

⑤ 参见聂秀华、邱飞《对构建中国特色社会主义"法治体系"的理论思考——学习党的十八大关于法治建设的论述》，《齐鲁学刊》2013 年第 2 期。

⑥ 参见吕廷君《建设中国特色社会主义法治体系》，《新视野》2013 年第 1 期。

的研究还在继续深入，毕竟中国特色社会主义法治体系建设还处在起步阶段，人们不可能在短期内认识到它的全部价值。

第四，关于中国特色社会主义法治体系实现路径的研究

姜富林、张泽鹏从思想认识的角度出发，认为只有增强执政党依法执政的观念、增强各级政府依法行政的观念、增强司法机关公平正义司法的观念、并提高全民的法律意识才能将法治建设落到实处。① 蒋苏淮认为，建设中国特色社会主义法治体系，一方面要从集中立法修法转向法律执行；另一方面，在立法工作中还要注意处理好权力博弈与民主立法、立法借鉴与审慎吸纳之间的关系。② 魏治勋认为，建设中国特色社会主义法治体系应当进一步完善中国特色社会主义法律体系，推进依法行政，深化司法体制改革，深入开展法治宣传教育，提高领导干部的法治能力和水平，建立健全权力运行制约和监督体系。③ 聂秀华、邱飞认为构建中国特色社会主义法治体系要从以下几个方面着手：要把宪政建设作为基本路径，要用法治思维和法治方式处理社会发展中的棘手问题，要建构良善且能够体现民主精神的法律规范供给机制，要把对权力监督和制约作为法治建设的核心内容，要为独立公正司法创造体制条件、设置正当程序，要教育国民及领导干部学法、知法、尊法和守法。④ 学界在这方面的研究非常全面、深入，基本可以涵盖中国特色社会主义法治建设的方方面面，值得我们参考借鉴。

第五，关于构建中国特色社会主义法律理论体系的研究

黄文艺认为，将中国法治建设实践中形成的诸多思想理论成果整合并升华为法律理论体系，可以为中国特色社会主义法律理论的发展和创新奠定更高的思想平台，也可以为社会主义法治国家建设提供有效的理论指导。因此，他把中国法律体系构建过程中形成的法律理论成果概括为政治

---

① 参见姜富林、张泽鹏《贯彻中国特色社会主义法律体系增强全社会的法治观念》，《吉林政报》2011 年专刊。

② 参见蒋苏淮《中国特色社会主义法律体系建成后"立法中心主义"的转向》，《河北法学》2012 年第 4 期。

③ 参见魏治勋《从法律体系到法治体系——论党的十八大对中国特色社会主义法治体系的基本建构》，《北京行政学院学报》2013 年第 1 期。

④ 参见聂秀华、邱飞《对构建中国特色社会主义"法治体系"的理论思考——学习党的十八大关于法治建设的论述》，《齐鲁学刊》2013 年第 2 期。

文明论、法治理念论、依法治国论、法律体系论、依法行政论、司法改革论、依法执政论、普法教育论、综合治理论。① 姚建宗、董政认为马克思主义是中国特色社会主义法律的指导思想，它涉及中国特色社会主义法律概念论、法律渊源论、法律价值论、法律责任论、法律运行论、法律发展论等，共同构成了其基本理论体系。② 学界对中国特色社会主义法律理论体系进行系统概括是非常必要的，不仅有助于我们总结中国法制建设实践中的经验教训，而且能够为国家开展法治建设提供理论依据。

　　通过以上梳理可知，学界从法律思想史的角度对改革开放以来中国特色社会主义法制思想进行了广泛而深入的研究，特别是对邓小平、江泽民、胡锦涛法制思想的历史地位、形成过程、基本内容和基本特征等方面的研究取得了丰硕成果，为我们今后继续深入研究提供了参考。但是，相关研究中也存在一些不足之处，如中共历届中央领导集体法律思想之间存在怎样的关系，这些思想对中国法律制度建设产生了怎样的影响，它们是如何推动中国社会法制化进程的，以及它们对中国特色社会主义法学理论的发展作出了哪些贡献，等等，对这些问题都少有研究探讨。因此，加强法律思想史与法律制度史研究的结合、加强法律思想史与其他社会科学的交叉研究非常必要，这也是法律思想研究实现理论创新的一个突破点。

---

① 参见黄文艺《构建中国特色社会主义法律理论体系》，《社会科学战线》2011 年第 11 期。

② 参见姚建宗、董政《中国特色社会主义法律基本原理释论》，《学习与探索》2013 年第 6 期。

第 一 章

中国特色社会主义法制
思想研究的基本问题

第一节　中国特色社会主义法制思想

一　中国特色社会主义法制思想的内涵及特征

中国特色社会主义法制思想形成于改革开放的历史新时期，它系统回答了什么是中国特色社会主义法制，如何构建和完善中国特色社会主义法制体系等基本理论和实践问题，是中国特色社会主义理论体系的重要组成部分。① 这一思想体系包括以邓小平为核心的中共第二代中央领导集体、以江泽民为核心的中共第三代中央领导集体、以胡锦涛为总书记的中共中央领导集体的法制思想及以习近平为核心的新一届中共中央领导集体对其进行的继承和发展。中国特色社会主义法制思想在继承马克思主义法制思想理论精华的基础上，实现了马克思主义法制思想在当代中国的创新与发展。从总体上看，它具有以下几个特征。

其一，鲜明的时代特征。中国特色社会主义法制思想发展演进的过程，深刻地反映了中国 30 多年来的新变化和新发展。它是在世界格局发生重大变化、和平与发展成为时代主题的背景下逐步形成的。自 20 世纪80 年代以来，以和平与发展为主题、以新技术革命和现代生产力迅猛发展为特征的时代条件迫使世界各国必须不断加大彼此在经济、政治、文

---

① 　朱景文在《中国特色社会主义法律理论的形成和发展——纪念改革开放 30 年》一文中指出，"中国特色社会主义法律理论是中国特色社会主义理论体系的有机组成部分，是马列主义、毛泽东思想与改革开放以来中国法制建设的实践相结合的产物"（《法学家》2008 年第 6 期）。

化、科技等领域的依存与合作。顺应这一时代主题，以邓小平为核心的中共第二代中央领导集体的法制思想主要是围绕加强社会主义民主法制建设，构建社会主义法律体系，尤其是加强对外开放领域的经济立法为重点而展开的。20世纪90年代以后，随着苏联、东欧等社会主义国家发生剧烈变化、冷战格局基本结束。经济全球化、新的科技革命开始加速发展。在这样的条件下，尽管世界局势呈现出一些新的特点，但要和平、求合作、促发展仍然是时代主流。顺应这一国际局势，以江泽民为核心的中共第三代中央领导集体的法制思想主要围绕参与国际经济合作，建立社会主义市场经济法律体系、修改和完善对外经济领域立法而展开，并逐步将依法治国确立为国家发展的基本方略。进入21世纪新阶段，国际国内形势出现了大变革、大调整。世界格局向多极化方向发展，经济全球化向更深层次挺进，全球性环境生态问题凸显，国内发展则面临转型和调整。因此，以胡锦涛为总书记的中共中央领导集体的法制思想主要是围绕"以人为本"，实现科学发展为主题，以构建中国特色社会主义法律体系为主要任务展开思考的。全面建成小康社会进入决定性阶段之后，中国积极参与全球经济治理、互联网治理，全面深化改革开放，为中国特色社会主义事业的发展争取有利条件。以习近平为核心的中共新一届中央领导集体的法制思想主要围绕完善和发展中国特色社会主义制度，推进国家治理体系和治理能力现代化展开。可见，每一个阶段的法制思想都带有深深的时代烙印。

其二，浓厚的民族特征。马克思主义发展史告诉我们，马克思主义只有与各个国家的具体实际相结合，并通过一定的民族形式展现，才能具有无限的生命力。早在革命战争时期，毛泽东就指出，必须"使马克思主义在中国具体化，使之在其每一个表现中带着必须有的中国的特性"①。中国特色社会主义法制思想作为马克思主义中国化在法制领域的具体表现之一，同样具有中国特性。早在1979年，彭真就讲过，"立法要了解情况，要熟悉全国各方面的情况。"② 在1981年讨论修改宪法时，彭真再次强调了这一原则。按照这一要求，1982年宪法明确写进了进行社会主义

① 《毛泽东选集》（第二卷），人民出版社1991年版，第534页。
② 《彭真年谱》（第五卷），中央文献出版社2012年版，第26页。

现代化建设必须坚持四项基本原则；坚持公有制为基础、按劳分配为主体、计划经济为主、市场调节为辅的经济制度；坚持人民代表大会制度、中共领导的多党合作和政治协商制度、民族区域自治及基层民主选举制度。另外，还明确了文化建设的主要内容，规定了思想建设的目标，提出进行国际主义、共产主义、集体主义的教育，反对资本主义的、封建主义的和其他腐朽的思想。这样，一方面为中国确立了适合本国国情、具有本国特色的基本制度框架，另一方面也使得中国特色社会主义政治、经济、文化等各个领域的建设都有了宪法依据。即使在后来着手构建中国特色社会主义法律体系时，国家仍然坚持"符合中国国情和现实生活需要"的法律原则。毫无疑问，中国特色社会主义法制思想带有鲜明的中国特征，是马克思主义法制思想民族化的产物。

其三，典型的开放特征。马克思主义是一个开放的理论体系，它的开放性体现在既坚持马克思主义基本原理，又积极吸纳世界各国的先进思想文化理念；既注重总结一国历史发展过程中的经验教训，又注重反映实践发展的客观要求。中国特色社会主义法制思想与马克思主义一样，也是一个开放的思想体系。改革开放以来历届中共中央领导集体的法制思想共同构成了中国特色社会主义法制思想的主体内容，但这一理论体系并不是封闭的，它没有终结，也不会停滞。中国特色社会主义法制思想在为后人提供发展创新的平台和空间时，自身也将随着时代前进的步伐而不断丰富和发展。在处理与西方法制文明的关系上，秉持虚心学习和积极引进的态度是坚持马克思主义开放性的必然选择。邓小平在改革开放初期就强调，"今后要参照世界上的法律来制定我们自己的法律"①。彭真在谈到立法工作时也指出，"对外国的经验，不管是社会主义国家的，还是资本主义国家的，不管是英美法系，还是大陆法系，以及对我国历史的经验，都要参考、借鉴。"② 进入 21 世纪后，中国全国人大还加强了与世界其他国家立法机关之间的交流，通过相互借鉴彼此立法中的有益经验，更好地保障本

---

① 1979 年 6 月 5 日，邓小平在会见美中贸易全国委员会代表团时指出："中美合作，就我们方面来说，需要制定一些法律。"参见《邓小平年谱（一九七五——九九七）》（上），中央文献出版社 2004 年版，第 520 页。

② 彭真：《论新中国的政法工作》，中央文献出版社 1992 年版，第 396 页。

国经济社会的协调发展。可见，坚持开放性是中国特色社会主义法制思想走向未来、走向世界的必然选择。

其四，有机联系的整体特征。中国特色社会主义法制思想具有整体性特征。从纵向上看，它包括了改革开放以来几届中共中央领导集体的法制思想，这一思想体系为中国特色社会主义法制建设提供了坚实的理论基础，凝结着几代中共领导集体探索法制建设的心血和智慧。从横向上看，这一思想体系回答了什么是社会主义法制、如何建设社会主义法制，什么是依法治国、如何实现依法治国，中国特色社会主义法制建设的价值标准是什么、如何达到这一标准，什么是中国特色社会主义法治体系、如何建设这一体系等重大理论和实践问题。并在法制建设的指导思想、道路选择、阶段规划、根本任务、基本动力、依靠力量、领导力量等重大问题上取得了丰硕成果，形成了一系列既密切联系又相互贯通的新思想、新观点、新论断。无论是纵向分析，还是横向比较，都可以发现，中国特色社会主义法制思想始终都是围绕发展和完善中国特色社会主义这一根本任务展开思考的。特别是中国特色社会主义法律体系的形成更加生动地体现了中国特色社会主义法制思想的整体统一性。另外，共同时代背景也为中国特色社会主义法制思想的整体统一性提供了客观条件。自 20 世纪 70 年代末 80 年代初至今，和平与发展一直是时代的主题，这样的时代背景既是国家现代化建设也是中国特色社会主义法制建设顺利开展的有利条件。同时，中国法制建设和法制思想的基本出发点——社会主义初级阶段的基本国情，也在客观上决定了它们具有整体统一性。邓小平指出，中国社会主义"处在初级阶段，是初级阶段的社会主义"，"一切都要从这个实际出发"。① 中共十八届三中全会再次强调，"全面深化改革，必须立足于我国长期处于社会主义初级阶段这个最大实际。"② 由此可见，相同的国情特征和共同的时代背景决定了中国特色社会主义法制思想必须从特定的时代背景和国家实际出发来构建相应的法律体系，从而使不同阶段的法制思想具有了共同的基础，使法制思想的发展体现出不同阶段的整体统一性。

---

① 《邓小平文选》（第三卷），人民出版社 1993 年版，第 252 页。
② 《中国共产党第十八届中央委员会第三次全体会议文件汇编》，人民出版社 2013 年版，第 20 页。

二　中国特色社会主义法制思想的渊源

任何一种思想、理论的产生都不是无源之水、无本之木。中国特色社会主义法制思想同其他任何思想一样，它的形成和发展有着深刻的理论根源、实践根源和文化根源。

（一）理论之源

马克思主义法制思想和西方法制文明对当代中国法制建设产生了深刻的影响，它们是中国特色社会主义法制思想最重要的理论来源。其中，马克思主义法制思想为中国特色社会主义法制建设提供了最基本的法哲学观和方法论。西方法制文明则为中国特色社会主义法制建设提供了符合现代化建设要求的法治精神和法治理念。

马克思主义在哲学上创立的唯物史观为中国特色社会主义法学理论的发展提供了比较完整的社会历史观[①]，阶级分析的方法也为人们了解法这一社会现象提供了新的认识工具。如，马克思主义法学认为法产生于特定社会物质生活条件基础之上，反映特定阶级的意志。"那些决不依个人'意志'为转移的个人的物质生活……是国家的现实基础"[②]，"你们的法不过是奉为法律的你们阶级的意志"[③]，这些思想成为区分社会主义法制与资本主义法制的直接依据，也成为社会主义法制维护无产阶级利益、反映广大人民群众意志的理论支撑。再如，马克思主义法学宣扬人是法律的主体和目的。"法律不是压制自由的措施……恰恰相反，法律是肯定的、明确的、普遍的规范，在这些规范中自由获得了一种与个人无关的、理论的、不取决于个别人的任性的存在。法典就是人民自由的圣经。"[④] 这一理论成为社会主义法律必须以维护人民权益为宗旨的思想来源。还有，列宁提出的执政党领导立法[⑤]、坚持法制统一[⑥]、宪法至上[⑦]等原则，直接被

---

①　参见蒋立山《马克思的法学思想》，《中外法学》1994 年第 2 期。

②　《马克思恩格斯全集》（第 3 卷），人民出版社 1960 年版，第 377 页。

③　《马克思恩格斯全集》（第 4 卷），人民出版社 1995 年版，第 485 页。

④　《马克思恩格斯全集》（第 1 卷），人民出版社 1960 年版，第 176 页。

⑤　参见《列宁全集》（第 41 卷），人民出版社 1987 年版，第 55 页。

⑥　参见《列宁全集》（第 43 卷），人民出版社 1987 年版，第 195 页。

⑦　参见《列宁全集》（第 38 卷），人民出版社 1987 年版，第 299—300 页。

吸收到中国特色社会主义法制建设之中，成为构建中国特色社会主义法律体系必须遵循的基本原则。可见，马克思主义法制思想是中国特色社会主义法制思想形成和发展的理论基石。

没有一个国家的法律制度、法律原则、法律概念完全是由自己独立创造的。中国特色社会主义法律体系当中包含着许多外来因素。特别是实行改革开放政策之后，学习、借鉴市场经济发达国家和地区的成功法治经验成为构建中国特色社会主义法律体系的重要途径。西方法制文明对中国法制建设尤其是社会主义市场经济法律制度建设产生了深远的影响。如，确立民事主体地位平等、契约自由的原则打破了中国计划经济体制下不同所有制经济主体法律地位不平等、政府直接干预和控制企业经营活动的格局。确立公平、公正、公开、等价有偿、诚实信用等市场经济运行规则，为市场主体实现公平竞争、市场行为有序运行提供了统一的标准。国家对土地使用权及使用权流转的确认、对知识产权的商品属性及交换、保护规则的确认等都是借鉴西方发达国家先进法治建设经验的结果。甚至中国行政机构改革、转变政府职能等方面的思路也深受西方法治政府建设的影响。因此，西方法制文明同样也是中国特色社会主义法制思想的重要渊源。

（二）实践之源

实践是马克思主义的源泉，也是马克思主义充满生机的强大动力。实践同样是中国特色社会主义法制思想形成、发展和完善的源泉。"社会生活在本质上是实践的"①。改革开放的伟大实践，催生了中国特色社会主义理论，也催生了中国特色社会主义法制思想体系。改革开放是中国特色社会主义法制思想充满生机和活力的根本源泉，是中国特色社会主义法制思想形成的实践源泉和逻辑起点，也是这一思想体系不断得到丰富、发展、完善的根本依据和强大动力。

中国特色社会主义法制建设是一项前无古人的全新事业，没有现成的经验可以借鉴，只能在实践中不断摸索。改革开放之初，面对中国法律不完备，甚至很多方面无法可依的现状，邓小平根据现实需要，提出了中国立法的基本思路，"修改补充法律，成熟一条就修改补充一条，不要等待

---

① 《马克思恩格斯选集》（第 1 卷），人民出版社 1995 年版，第 60 页。

'成套设备'。总之，有比没有好，快搞比慢搞好。"① 彭真也多次指出，"经过实践检验，经验成熟的，能行得通的，至少是科学的而不是主观制造的典型经验，才能定成法，成熟一个搞一个，能制定出部分的先制定一部分；不太成熟的，可以先搞大纲、草案，继续在实践中检验，总结经验，征求意见，等成熟了再定。"② 在完善社会主义市场经济立法时，乔石强调，"立法工作要与改革和发展的实际紧密结合。建立社会主义市场经济体制是一项根本性的变革……改革中的难点，也是立法中的难点。"③ 改革开放和社会主义现代化建设实践推动中国法制建设实现了从"健全社会主义法制"、"建立社会主义市场经济法律体系"到"形成并不断完善中国特色社会主义法律体系"的过渡和转变，也促使中国立法思维实现了从"加快立法步伐"向"提高立法质量"的转变，从而为法制思想的进一步发展提供了新的历史起点。

可见，中国特色社会主义法制思想从解决中国法制建设过程中遇到的问题出发，将实践性深入、彻底地贯穿于其形成和发展的全过程，从而为中国法制建设提供了切实有效的客观依据。中国特色社会主义法制思想在实践中产生，也必将在实践中得到丰富和发展。来自实践又指导实践，是中国特色社会主义法制思想的本质特征。只有牢牢把握实践性，才能深刻理解和准确把握中国特色社会主义法制思想的本质属性。

（三）文化之源

法律作为调整社会关系、规范人类社会生活的基本手段，是一个民族文化的重要组成部分。由于产生的社会环境和历史条件不同，不同民族的法律文化之间存在很大差异④。中国不仅有悠久的法制历史，"而且辗转相承，绵延不绝，迄未中断。……因而也形成了历史悠久、源流清晰、特色鲜明的法律传统"⑤。中国法律传统产生于中华文化土壤，体现了中华民族的智慧和创造力。中国特色社会主义法制思想不可能脱离中国法律

① 《邓小平文选》（第二卷），人民出版社 1994 年版，第 147 页。

② 彭真：《论新中国的政法工作》，中央文献出版社 1992 年版，第 298 页。

③ 《乔石谈民主与法制》（下），人民出版社 2012 年版，第 450—451 页。

④ 参见蒋传光《当代中国特色先进法律文化的创建及其路径》，《人民法院报》2012 年 7 月 6 日，第 5 版。

⑤ 张晋藩：《中国法律的传统与近代转型》，法律出版社 2009 年版，第 1 页。

传统而孤立存在，相反，它是中国法律传统的延续和发展。虽然中国法律传统在近代遭遇了严重的破坏，但它仍然以各种方式顽强地生存于中国社会的各个角落。在近现代法制思想发展过程中，我们可以清晰地看到中国古代社会的法律制度及法制观念在自觉或不自觉地影响着我们。中国特色社会主义法制思想虽然形成于改革开放的历史新时期，但这一思想不可能凭空产生，它需要一定的法制思想基础，这个基础中就包含了中国传统法制文化的因素。如注重发挥法律惩恶扬善的功能，注重法律体系的完整性，注重培养执政者的个人法制修养和素质，注重发挥道德弥补制度缺失的作用，等等。这些传统的法观念仍然影响着当代中国人对法制建设的认识和看法，进而构成了中国社会接受现代法制文明的思想和文化基础。

　　当然，由于历史的局限，法制传统中必然有精华、有糟粕。只看到法传统中的精华就会夜郎自大，止步不前；只看到法传统中的糟粕就会否定自我，丧失自信。中国法制史专家张晋藩认为，"无论传统的'善'与'恶'，都是历史和文化的积淀，只能更新，不能铲除；失去传统就丧失了民族文化的特质，就失去了前进的历史与文化的基础。"更何况，"中国法律传统的内涵极为宽广，尽管菁芜并存，但富有跨越时空的民主性因素。譬如人本主义的法律倾斜，'法致中平'的价值取向，天人合一的和谐诉求，德礼为本的道德支撑，援法断罪的司法责任，法为治具的政治方略，等等，都彰显了中国法律传统中最有价值的部分。……中国法律的传统绝不意味着腐朽、保守；它的民族性也绝不是劣根性。""对传统的反思越深刻、批判得越彻底，越能准确地撷其精华，弃其糟粕，增强法律发展的规律性的认识，提高中华民族的自豪感与自信心。"① 中国特色社会主义法制思想的形成、发展和完善正是在对中国法传统的批判与继承中逐步实现的。诸如"民惟邦本"、"缘法而治"的朴素法治思想在今天也被赋予了新的时代内容。因此，怎样才能充分尊重、重视并弘扬中国传统法律文化在世界法律文明中的作用，如何才能更好地继承其精华、剔除其糟粕，是中国特色社会主义法制思想不可回避的课题。

---

　　① 　张晋藩：《中国法律的传统与近代转型》，法律出版社 2009 年版，第 2 页。

三　中国特色社会主义法制思想的价值

中国特色社会主义法制思想是改革开放以来中国法制建设实践的理论指南，是马克思主义法制思想发展的最新成果，也是世界法制思想的重要组成部分。中国特色社会主义法制思想无论在理论上还是在现实中都具有非常重要的价值。

（一）理论价值

中国特色社会主义法制思想是马克思主义法制思想的创新和发展。虽然马克思、恩格斯、列宁这些经典作家早就提出了社会主义法制建设的基本思想和基本观点，但是并没有具体提供带有普遍意义的、可供其他社会主义国家参考借鉴的法制建设的路子和模式。中国特色社会主义法制建设也是一项前无古人的全新事业，没有现成的经验可以借鉴，只能在实践中不断摸索。幸运的是，中国共产党人成功探索了一条社会主义法制建设的新路子，尽管它具有民族性，但是也能在一定程度上反映社会主义国家法制建设面临的普遍性问题，其探索成果对其他社会主义国家的法制建设有一定的借鉴和参考价值。中国特色社会主义法制思想对马克思主义法制思想的创造性发展正是中国特色社会主义法制思想的理论价值所在。

以邓小平为核心的中共第二代中央领导集体成功开创了中国法制建设的新局面。他深刻反思"文化大革命"的教训，将法制建设提到一个前所未有的高度，使人们认识到法除了具有阶级性的本质之外还具有社会性，从而实现了法制观念的更新，不仅为中国法制建设清除了思想理论障碍，而且对马克思主义法制理论作出了重大创新。同时，他深入思考并提出了正确处理民主与法制关系的基本思路，从而使"法律面前人人平等"的原则得以重新确立，也使得法制成为反对特权的有力武器。他还提出要正确认识党的政策和法律之间的关系，指出不能用党的政策替代法律，也不能只要政策，不要法律。在理性反思法制继承性的基础上，他要求立法机关制定法律时可以借鉴古代法律和西方法律中某些具有科学性和民主性的成分和因素，等等。这些理论的提出是对法律虚无主义轻视法律、取消法律行为的批判，也使社会主义法制原则得以重新确立。邓小平法制思想是对马克思主义法制理论的创新和发展。

随着改革开放的继续深入，中国经济迈向市场化、政治迈向民主化、社会治理迈向现代化。以江泽民为核心的中共第三代中央领导集体成功把中国法制建设推向了 21 世纪。这一时期的法制思想集中体现为依法治国方略的提出。具体问题包括：建立社会主义市场经济法律制度的思想，使我们对法的本质认识再次发生了重大转变，不仅知道从本体上去认识法，而且懂得从功能层面去解读法的本质，并重新将法的本质归纳为人民的共同意志和利益，归纳为解放和发展生产力。这样一来，人们逐渐摆脱了"以阶级斗争为纲"思想的束缚，学会了全面正确认识社会主义法的本质、作用和功能。在政治制度设计中，从注重丰富民主的内容转向更加注重完善民主的形式，而且对基层民主实践作了积极探索。这些规范和发展民主制度的思想也成为中国特色社会主义法制思想的重要方面。此外，还提出了依法行政、法律监督、尊重和保障人权等思想理念。

在新世纪新阶段，以胡锦涛为总书记的中共中央领导集体进一步提出了符合时代要求的法制思想，将马克思主义法制思想推进到了新的高度。科学发展观是这一时期法制思想的基础，在整个法制思想体系中占有核心地位、发挥着统帅作用，并贯穿于法制建设的方方面面。例如，构建中国特色社会主义法律体系必须在全国法律体系的框架内进行，保持法律体系本身的协调、一致。① 法的内容必须充分体现广大人民群众的共同意志和利益，保障公民的有序参与。"立法工作要坚持走群众路线"②，坚持把科学立法、民主立法作为法制建设的最基本的要求。在法制精神上则更加注重"以人为本"，社会和谐、公平正义，并从保障人权的角度进一步丰富和发展了马克思主义法制思想。同时，还提出了依法治国首先要依宪治国，依法执政首先要依宪执政的理念，丰富了马克思主义宪政思想。强调在深化改革的过程中注重加强行政法制建设，完善权力制约和监督的制度设计，并将"党的事业至上、人民利益至上、宪法法律至上"作为政法工作必须坚持的基本原则，集中体现了中国特色社会主义司法制度的政治性、人民性和法律性的统一。可见，胡锦涛以人为本的法制思想是马克思主义法制思想在当代中国的新发展。

---

① 参见吴邦国《加强立法工作，提高立法质量，为形成中国特色社会主义法律体系而奋斗》，《人民日报》2004 年 2 月 1 日，第 2 版。

② 《十六大以来重要文献选编》（上），中央文献出版社 2005 年版，第 402 页。

中共十八大以来，新一届中央领导集体对中国特色社会主义道路、中国特色社会主义理论体系、中国特色社会主义制度作了科学、系统的概括和总结，为我们进一步深化对中国特色社会主义法制思想的认识提供了指南。尤其是以完善和发展中国特色社会主义制度为总目标的全面深化改革的正式启动，使中国特色社会主义法制思想迎来了一个更好的发展契机。力争到 2020 年，"形成系统完备、科学规范、运行有效的制度体系，使各方面制度更加成熟更加定型"。① 将我们对制度建设的认识提升到国家治理的新层面，也使我们深刻地认识到，中国特色社会主义能否走向现代化取决于中国能否建立现代化的制度体系。在法律制度建设方面，中国取得了辉煌成就，成功构建了中国特色社会主义法律体系，但是仍然面临完善经济、政治、社会、文化科技及生态文明等各个领域立法，及时做好保障法律制度有效实施的相关配套工作等重要任务。

"一个没有思想或被错误思想掌控的时代不能构建民主与法治制度；一个被正确思想引导的时代才能促进民主与法治的健康发展。这是思想史诠释制度史的意义和价值所在。"② 中国特色社会主义法制思想回答和解决了不同历史阶段中国特色社会主义法制建设面临的基本问题，为特定历史时期的法制建设提供了思想理论指导，它是马克思主义法制思想在当代中国的发展和创新。

（二）现实价值

中国特色社会主义法制思想是中国特色社会主义法制实践的基本指针。以邓小平为核心的中共第二代中央领导集体在开辟中国特色社会主义道路的过程中为中国法制建设确立了基本的方向和路径，以江泽民为核心的中共第三代中央领导集体在建设社会主义市场经济的过程中推动中国法制建设走向了现代化，以胡锦涛为总书记的中共中央领导集体在实现科学发展的进程中使中国特色社会主义法制建设走向系统化、完备化，以习近平为核心的中共新一届中央领导集体在全面深化改革的过程中进一步发展、完善中国特色社会主义法律制度，力争建设更加成熟、定型的制度体

---

① 《中国共产党第十八届中央委员会第三次全体会议文件汇编》，人民出版社 2013 年版，第 7 页。

② 陈金全主编：《新中国法律思想史》，人民出版社 2011 年版，第 5 页。

系，为实现国家治理能力和治理体系现代化奠定制度基础。

在特殊历史条件下，领导人对法制建设的重视程度决定了中国法制建设的进展状况。改革开放初期，中国社会主义法制建设的繁荣源于邓小平对法制的高度重视。邓小平始终把法制建设当作社会主义现代化事业的重要组成部分和重要保障。"搞四个现代化一定要有两手，只有一手是不行的。所谓两手，即一手抓建设，一手抓法制。"① 他强调中国立法工作"不能等"，"有比没有好，快搞比慢搞好"，立法要"从中国的实际出发"，注意"学习和借鉴外国的经验"，"成熟一条制定一条"等，形成了独具中国特色的"摸着石头过河"的立法思路。同时，他还概括了中国社会主义法制建设的基本方针，强调要从立法、执法、司法、守法诸环节加强法制建设，为中国特色社会主义法制建设指明了前进方向。

在此基础上，以江泽民为核心的中共第三代中央领导集体指导中国法制建设逐步走向现代化、国际化。20 世纪末中国发展面临的最迫切的任务是建立社会主义市场经济体制。在推动市场经济体制改革的过程中，中国的法制观念发生了巨大的改变。江泽民多次强调，社会主义市场经济既是信用经济，也是权利经济和法治经济。发展社会主义市场经济要求国家必须加快建立社会主义市场经济法律体系。随之，"权利、平等、自由、公平"等一系列现代法制理念在中国社会逐步被接受。特别是关于人权的认识在这一时期上升到了一个新的高度，"尊重和保障人权"的理念被接受并成为中国在现代化建设中必须坚持的基本原则。"法制现代化与人权的制度化安排紧密相关，集中体现在法律对人权保障的重视程度以及对权力与权利关系的处理方面。"② 这些现代化的法制观念为中国从重视"法制建设"到走向"法治国家"奠定了理论基础，提供了思想支持。同时，由于市场经济是外向型和开放型经济，制定市场经济法律时必须与国际上的有关法律和国际惯例相衔接。江泽民强调："加入世界贸易组织……要按照市场经济的一般规律，进一步调整和完善合乎社会主义市场经济要求的行为规范和法律体系。"③ 正是在建设社会主义市场经济的过

---

① 《邓小平文选》（第三卷），人民出版社 1993 年版，第 154 页。

② 公丕祥：《马克思主义法学中国化的进程》，法律出版社 2012 年版，第 231 页。

③ 《江泽民文选》（第三卷），人民出版社 2006 年版，第 454 页。

程中，中国共产党法制思想和中国法制建设走向了现代化。

中国法制建设在以胡锦涛为总书记的中共中央领导集体的推动下继续走向系统化、完备化。特别是科学发展观重大战略思想的提出，不仅为中国进入 21 世纪新阶段的经济社会发展提供了重要思想指南，而且也为推动中国法制建设实现科学发展提供了重要指导方针。坚持以人为本，全面协调可持续，统筹兼顾等基本原则是这一时期立法的基本指导思想。以胡锦涛为总书记的中共中央领导集体提出了"到二〇一〇年形成中国特色社会主义法律体系"① 的宏伟目标，进而提出了一系列关于法律体系的思想理论。例如，吴邦国指出判断中国特色社会主义法律体系是否形成有三个主要标准，首先要看法律部门是否齐全，其次要看法律部门中基本的、主要的法律是否比较齐备，再次要看与法律相配套的行政法规、地方性法规、自治条例和单行条例是否已经制定出来。② 经过不懈努力，这一法律体系如期形成，国家和社会生活的各方面实现了有法可依。同时，这一届中央领导集体提出了"制度是社会公平正义的根本保证""保障人民在政治、经济、文化、社会等方面的权利和权益"③ 的理念和任务。另外，国家还做出了推进依法行政、深化司法体制改革的决定。一系列有效措施的实行使中国特色社会主义法制建设更加系统、完善。

中共十八大之后，新一届中央领导集体下决心全面深化改革，破除体制机制障碍，为更好地推动中国特色社会主义事业向前发展创造条件。与此相适应，"法制建设"也逐步向"法治建设"过渡。一个国家实现"法治"的重要基础是必须具有完备、成熟、定型的法制体系。中共十八届中央领导集体在提出建设法治中国的同时，要求把"权力关进制度的笼子里""立体式、全方位推进制度体系建设"，并通过深化体制改革，形成与中国特色社会主义事业相配套的成熟、定型的体制和制度框架。可以看出，完善相关的具体法律制度，推进中国特色社会主义制度更加成熟和定型，仍然是今后一段时间内中国法制建设的重点，也是顺利完成法治中

---

① 《十六大以来重要文献选编》（中），中央文献出版社 2006 年版，第 225 页。

② 参见全国人大常委会办公厅研究室编《中国特色社会主义法律体形成大事记》（1978—2010），中国民主法制出版社 2011 年版，第 207—208 页。

③ 《十六大以来重要文献选编》（下），中央文献出版社 2008 年版，第 657 页。

国建设任务的重要前提和依据。

在历届中共中央领导集体法制思想的指引下，中国法制建设的步伐越来越成熟、稳健，不仅成功构建了中国特色社会主义法律体系，摸索出了中国特色社会主义法治道路，而且正在推动中国法治建设走向更美好的未来。

第二节　新中国社会主义法制思想的历史分期

将事物发展过程划分成不同的阶段进行分别研究，是史学研究的基本方法之一。这一方法同样可以适用于对新中国社会主义法制思想的研究。本书沿用中共党史上对中国共产党领导中国人民进行社会主义建设的历史分期标准，将新中国法制建设史划分为改革开放前和改革开放后两个历史时期。与此相适应，新中国法制思想史自然也被分成改革开放前的社会主义法制思想和改革开放后的法制思想两个发展阶段。改革开放前指导新中国社会主义法制建设的思想理论通常被称为毛泽东法制思想；改革开放后指导中国特色社会主义法制建设的思想理论则被称为中国特色社会主义法制思想。

综合以上划分标准，新中国社会主义法制思想发展的历史进程大致可以分成两个时期，即新中国社会主义法制思想的"第一个三十年"（1949—1978），毛泽东法制思想是这一时期法制建设的理论成果；新中国社会主义法制思想的"第二个三十年"（1978 年至今），其理论成果是中国特色社会主义法制思想，由改革开放以来历届中央领导集体的法制思想共同组成。这两个时期的法制思想不存在本质上的差别，它们都是马克思主义法制思想在当代中国发展过程中经历的既相互联系又有重大区别的不同历史阶段。正确认识它们之间的辩证关系是坚持和发展中国特色社会主义法治建设道路的前提和基础。

一　新中国成立至改革开放前的中共法制思想（1949—1978）：毛泽东法制思想阶段

新中国成立以后，中共领导集体面临的主要任务是巩固新生的人民政权、恢复和发展国民经济，开展社会主义建设。国家的法制建设也是围绕这一中心任务展开的。当时，在法制建设方面面临两个重大问题，一是如何处理与中国国民党旧法统之间的关系问题，二是如何建设新型社会主义法制的问题。20世纪中国法制现代化的崭新进程和当代中国的第一次法律革命正是在思考和解决这两个问题中开始的，毛泽东法制思想也是在思考和解决这两个问题的过程中逐步形成的。

就处理与中国国民党旧法统之间的关系问题，中共中央专门发布了《废除国民党的六法全书与确立解放区的司法原则的指示》，指出中国国民党的六法全书以掩盖阶级本质的形式出现，与一般资产阶级法律没有本质区别，它以保护地主、买办官僚资产阶级的利益为根本目标和任务，来实现对广大人民群众的束缚、镇压和统治。① 因此，体现大地主大资产阶级意志的六法全书必须被废除，也已经被废除。同时，包括毛泽东在内的许多马克思主义者都清晰地认识到了军队、警察、法庭等国家机器是实现阶级压迫的工具。② 但由于历史条件的限制，他们也仅仅看到了这一点，故在对法的本质的认识上，中共第一代中央领导集体继承了马克思主义关于法是统治阶级意志的体现、一定阶级和国家的法都是实现阶级统治工具的观点，非常重视用法来维护无产阶级的统治，过度注重法的阶级统治功能而忽视了法的社会规范功能；再者体现为在法的继承性上采取了彻底否定、拒绝的态度，认为人民当家作主的新中国与建立在剥削压迫之上的旧中国是根本对立的，新中国的法制也决不可能建立在维护剥削阶级意志的旧法制之上。即旧的法律一定要彻底废除，彻底粉碎，不能让它留下任何痕迹。这样，新法与旧法之间的联系在理论上被彻底砍断了。

在建设新型社会主义法制的问题上，一方面由于中共彻底否定了中国先前的法律传统，故不可能再从历史上借鉴什么经验；另一方面由于社会主义在中国是一种新兴的社会制度，当然也没有什么成熟的做法可以套用。建设社会主义法制最便捷的做法便是向苏联学习。苏联作为世界上第一个社会主义国家，作为马克思主义理论的第一个实践者，它的成功给中国革命和建设树立了榜样，同时也给中国法制建设产生了巨大影响。在起

---

① 参见《中央关于废除国民党〈六法全书〉和确立解放区司法原则的指示》（1949年2月22日），《中共中央文件选集（1949.1—9）》（第18册），中央党校出版社1989年版，第152页。

② 参见《毛泽东著作选读》（下册），人民出版社1986年版，第682页。

草和讨论 1954 年宪法时，毛泽东给宪法起草委员会开具的参考书就包括苏联的历部宪法，并强调每个宪法起草委员会委员都要熟读苏联宪法。仔细比较中国 1954 年宪法和苏联 1936 年宪法，可以清楚地看到两部宪法从宪法体制到宪法规定的政权体系都非常相似。另外，在土地法、婚姻法、刑事法律等方面也大量引进了苏联的各项法律制度。① 在借鉴和参考苏联经验的同时，中共对苏联模式的局限也有不同程度的认识，不照搬苏联模式，注重积累本国法制建设经验，在实践中探索符合本国国情的法制建设道路也是这一时期法制思想的一个基本特点。在此基础上，以毛泽东为核心的中共第一代中央领导集体为新中国法制建设确立了基本的原则和方向。如 1954 年宪法明确将民主原则和社会主义原则确立为国家建设的基本原则。在立法方式上也确立了坚持领导机关的意见与广大群众的意见相结合的方法。董必武还首次提出了"有法可依""有法必依"② 的思想，为新中国社会主义法制建设指明了方向。

　　在社会主义法制建设中还有一个非常重要的问题，即中国共产党的政策和国家法律之间的关系问题。这一关系是左右中国走向法治国家的关键，也是社会主义法制建设中的难点。中国共产党是一个历经长期革命战争的政党，适应战争形势的特点和需要，在民主革命时期，主要依靠政策宣传、组织和动员群众，管理自己的队伍。在执政之后，尽管中国共产党开始重视依靠法制管理国家，但依政策执政的现象在短期内仍然难以得到根本转变。从国家管理的操作层面来看，高度集权，国家政策、上级指令替代了具体法律，尤其是在计划经济体制下，计划成为全部经济活动的调节器，因此，直到"文化大革命"结束，经济法、民商法等始终是空白。

　　另一方面，就执政理念而言，在毛泽东看来，中国共产党是无产阶级及广大人民群众的忠实代表，法律与中国共产党的政策在本质上是一致的。他甚至强调"政策和策略是党的生命"③。因此，国家制定和实施任何法律，都要以中国共产党的有关政策为依据。特别是新中国成立初期，

---

　　① 参见沈国明、王立民主编《二十世纪中国社会科学（法学卷）》，上海人民出版社 2005 年版，第 39 页。

　　② 《董必武选集》，人民出版社 1985 年版，第 419 页。

　　③ 《毛泽东选集》（第四卷），人民出版社 1991 年版，第 1298 页。

中央人民政府颁布的法律命令都是先由中国共产党拟定初稿，然后经过政协全国委员会或它的常委会讨论，再提到中央人民政府委员会或政务院讨论通过的。① 认为政策高于法律，法律是政策的工具，过分强调政策的作用，忽视法制对政策的规范和制约，是这一时期中共领导集体法制思想的一大特点，也是实践中出现党委干预司法、党令代替法令，最终走向个人崇拜、个人专断的思想根源，以致最终爆发了"文化大革命""如此奇怪、曲折和异乎寻常的历史事件。"② 在"文化大革命"期间，中国有效的法律形式只有毛泽东的"最高指示"，以中共中央、中共中央军委、国务院等部门名义发布的各种决定、命令和通知，以及发表在《人民日报》《解放军日报》《红旗》杂志上的社论、评论。尤其是"最高指示"，谁都不能提出任何怀疑，被奉为神圣，被认为是绝对正确的，必须坚决贯彻执行。③ 在"砸烂公检法"的运动中，国家司法机关也陷入了瘫痪，整个社会出现了"无法无天"的混乱局面。"文化大革命"给新中国刚刚起步的法制建设带来了灭顶之灾，这场灾难留给我们更多的是深刻的教训！

二 改革开放后的中共法制思想（1978年至今）：中国特色社会主义法制思想阶段

中国特色社会主义法制思想形成于改革开放后的社会主义建设实践。根据这一时期法制思想具体内容和主要特点的不同，可以将其分成不同的发展阶段。尽管每一阶段的法制思想在具体内容、主要特征、面临的具体历史任务等方面都各不相同，但它们都服从于"中国特色社会主义"这一历史课题，服务于"建设中国特色社会主义法制"这一共同目标。因此，它们在整体上构成了一个相互联系的有机体。

以邓小平为核心的中共第二代中央领导集体的法制思想是在"什么是社会主义，如何建设社会主义"的历史拷问中，在开创中国特色社会主义道路的过程中逐步形成的，我们可以称之为中国特色社会主义法制思

---

① 参见《董必武法学文集》，法律出版社2001年版，第119页。

② ［美］莫里斯·迈斯纳：《毛泽东的中国及后毛泽东的中国》，杜蒲等译，四川人民出版社1989年版，第190页。

③ 参见沈国明、王立民主编《二十世纪中国社会科学（法学卷）》，上海人民出版社2005年版，第47页。

想的奠基。这一时期的法制思想着重解决了以下几个问题：指明了中国法制建设必须以保护和促进社会生产力的发展为主要任务，而不是"以阶级斗争为纲"。明确了中国法制建设的最高目标是实现人民民主，并指出为了实现这一目标，必须加强法制建设，使民主制度化、法律化。确立了中国法制建设的基本指导思想，即必须坚持四项基本原则，绝不允许任何人产生动摇。确立了中国特色社会主义法制建设的指导方针是"两手抓，两手都要硬"，即既要抓建设，又要抓法制；既要抓改革开放，又要抓严厉打击各种犯罪活动。指出中国特色社会主义法制的功能不仅包括对敌专政，还包括打击经济犯罪、促进廉洁政治等内容。指出中国特色社会主义民主法制建设只能走一条循序渐进、"摸着石头过河"的路子。此外，还明确提出了中国特色社会主义法制建设必须理顺执政党与国家法律之间的关系。这一时期的中国特色社会主义法制思想，完整勾勒出了中国法制建设的主体框架，为未来国家开展法治建设奠定了理论基础。

以江泽民为核心的中共第三代中央领导集体在全面开创改革开放新局面、将中国特色社会主义推向 21 世纪的过程中，根据时代和实践的要求，对中国特色社会主义法制思想的发展作出了重要贡献，并将中国法制建设推进到了新的高度，我们可以称之为中国特色社会主义法制思想的初步发展。这一时期的法制思想集中体现在以下几个方面：确立了"依法治国，建设社会主义法治国家"的基本方略和根本目标。明确了法制是实现国家治理的基本依据，确立了法在国家治理体系中的重要地位。提出了构建中国特色社会主义法律体系的重要任务。在立法实践中形成了重点突破，注重立法质量与立法速度相协调的立法原则。提出了正确认识和处理法制与道德关系问题，强调在加强依法治国的同时，也要加强社会主义道德建设。在对党与法的关系认识上，提出依照法律规定执政，是依法治国对党的领导方式的基本要求。提出厘清党和国家权力机关的关系，绝不能以党代政，以党代法，等等。以江泽民为核心的第三代中共领导集体科学回答了在全面改革开放的新形势下中国特色社会主义法制建设的地位、目标、途径及需要处理好的关系等基本问题，成功推进中国特色社会主义法制建设走向了 21 世纪，使中国特色社会主义法制思想得到了进一步发展。

以胡锦涛为总书记的中共中央领导集体，根据新世纪新阶段的新要求，在全面建设小康社会的进程中不断丰富、完善中国特色社会主义法制思想，使中国特色社会主义法制理论更加系统完备，我们把它称为中国特色社会主义法制思想的进一步发展。这一时期的法制思想着重回答了下列问题：明确了中国特色社会主义法制建设的价值取向，即以人为本，促进公平正义，实现社会和谐。强调构建中国特色社会主义法律体系要坚持民主立法、科学立法的原则，注重提高立法的质量和水平。并于2011年宣布中国特色社会主义法律体系正式形成，同时，指出该法律体系还需要随着中国特色社会主义实践的深入发展不断进行补充、完善。提出采取有效措施切实保障宪法和法律的实施，推动依法治国方略落到实处。以胡锦涛为总书记的中共中央领导集体，适时确立了全面建设小康社会条件下中国法制建设的价值准则，及时解决了中国特色社会主义法律体系构建过程中的一系列难题，及法律体系形成后中国法制建设的基本任务等，推进中国法制建设走向系统化、完备化，在新的高度丰富和完善了中国特色社会主义法制思想。

中共十八大以来，以习近平为核心的中共新一届中央领导集体在实现民族伟大复兴"中国梦"的指引下，客观分析复杂的国际国内形势，把握国家改革发展的有利时机，全面深化各领域改革，坚决破除一切障碍，为中国特色社会主义事业开拓更加广阔的前景。在全面深化改革的进程中，中共新一届中央领导集体推动中国特色社会主义法制思想朝着更广领域、更深层次发展，促使中国特色社会主义法制思想体系不断走向成熟和定型，我们将它称为中国特色社会主义法制思想的最新发展。中共新一届中央领导集体将法制看作中国特色社会主义制度体系中最基础、最重要的部分，将法治看作现代国家治理的基本手段，从思想上、行动上真正启动了中国向法治体系过渡的征程。构建系统完备、科学规范、运行有效的制度体系，提高制度质量，全方位、立体式推进制度体系建设，为法治中国建设做好制度准备，成为这一时期法制建设的首要任务。将国家、政府、社会、政党的行为全部纳入法制轨道，注重从更宽领域和更高程度上推进中国特色社会主义法制建设，是这一时期法制思想的突出特点。

改革开放以来历届中共中央领导集体的法制思想分别回答了中国法制建设在不同历史条件下的基本理论和实践问题，共同构成了中国特色社会主义法制思想的主体内容，并形成了中国特色社会主义法制思想的不同发展阶段。这一思想体系是适应中国特色社会主义事业建设的需要而逐步形成的，它也必将随着中国特色社会主义实践的发展不断向前推进。

三　毛泽东法制思想的主要内容和历史局限

（一）毛泽东法制实践活动

正如毛泽东思想产生于中国革命具体实践一样，毛泽东法制思想也植根于中共第一代领导集体的法制实践。

早在五四运动到大革命时期，毛泽东投身新民主主义革命运动，不仅大力宣传民主法制主张，揭露批判旧法统的反动本质，而且参与组织领导湖南人民自决自治，召开湖南人民制宪会议，起草并通过了《湖南人民宪法会议组织法要点》和《湖南人民宪法会议选举法要点》，这两个法律文件确认了劳动大众的生存权、选举权和被选举权、劳动所得权和谋求正当职业的自由权。在国民革命高潮中的 1926 年 12 月，毛泽东分别又主持召开湖南省农民代表大会和工人代表大会，通过了减租、取消团防、组织农民自卫武装等 30 多个法案，并组建一批地方人民法庭，在局部农村地区摧毁了旧政权、旧法统，实现了"一切权力归农会"。这就表明，作为一个立志与旧社会作最彻底决裂、一个以暴力方式实行阶级斗争的革命者，依然需要"合法性"的依据。

到了井冈山之后，毛泽东着手开展根据地建设，在指挥红军作战的同时，探索在半殖民半封建社会、在局部条件下、在动荡的战时环境中如何创建新法制、组建人民新政权的重大问题。在世界革命和国际共产主义运动中，唯有中国共产党在没有推翻旧的国家政权的前提下，首先建立了自己的红色政权，并组建了中央和地方政府。毛泽东离开红军之后，就任中华苏维埃共和国中央政府主席。1931 年 11 月，以工农兵代表大会的组织形式，制定了《中华苏维埃共和国宪法大纲》，确立了其政权的组织方式、活动原则，以及根据地基本的政治、经济、文化制度。

在抗日战争时期，对内，通过召开参议会，先后制定了带有宪法性质的《陕甘宁边区施政纲领》《陕甘宁边区宪法原则》，并颁布了一系列有关选举、婚姻、刑事等方面的法规，确立了许多重要的司法原则、审判方式，进一步健全司法和检察机关。对外，强调国共合作从当下的共同抗日到今后的共同建国，必须制定一个共同纲领，而且要保证永不许可任何一方撕毁这个纲领。虽然国民党并不接受，但它表达了毛泽东坚信只有通过法律形式才能保证两党真心合作的思想。

新中国成立前夕，以毛泽东为核心的中共第一代领导集体以召开全国人民政治协商会议的形式代行全国人民代表大会职权组建全国政权，《中国人民政治协商会议共同纲领》代起临时宪法作用。新中国成立之后，毛泽东领导开展了大规模的立法工作，后又担任宪法起草委员会主任，亲自主持制定了新中国第一部社会主义宪法。经过短短几年的依法治理，镇压了敌特、匪霸等敌对势力，荡涤了吸毒、卖淫等社会丑恶，惩治了党和政府内部的贪腐分子，一扫旧中国一盘散沙、乌烟瘴气的没落景象，到1956年新中国已然成为世界公认的社会治安最好的国家之一。

从1957年到"文化大革命"，由于国内存在建设社会主义路线上的分歧，国际上受苏共二十大"秘密报告"①"波兰事件""匈牙利事件"的负面影响，毛泽东"无产阶级专政下继续革命"的错误理论逐步升级，以至于他亲自领导、亲自制定、亲自设计、亲自倡导的宪法、法律体系、法制观念又被他亲自发动的"群众造反"运动完全冲毁，甚至自己也难以控制局面。经过几年的大动乱，毛泽东也想通过召开党的九大，后来又想通过召开全国四届人大使局势安定下来，但在已经缺少法制及其运行机制的状况下，靠他要求工农商学兵都来唱"三大纪律八项注意"歌，靠他要求领导干部"三要三不要"（即要搞马克思主义，不要搞修正主义；要团结，不要分裂；要光明正大，不要搞阴谋诡计），根本无法解决问题。直到毛泽东去世，"文化大革命"这一趟失控的列车才被刹住。

因此，毛泽东革命活动的一生，包括了丰富的法制实践，其中的成功经验和错误教训，都应当成为中国特色社会主义法制建设的宝贵财富。

（二）毛泽东法制思想的主要内容

在生动具体的法制实践活动中，以毛泽东为代表的共产党人也不断丰富着自己的法制思想，归纳起来，主要有以下几点。

"没有法律不行"的国家治理理念。新中国成立之初，针对有人把法律作为旧社会的统治工具，主张弃之不用时，毛泽东明确的态度是"一个团体要有一个章程，一个国家也要有一个章程，宪法就是一个总章

---

① 即赫鲁晓夫在苏共二十大上所作《关于个人崇拜及其后果》的报告。

程"①。1956年中共八大正式确定"我们目前在国家工作中的迫切任务之一，是着手系统地制定比较完备的法律，健全我们国家的法制"②。1962年，在当时以党代法十分普遍的情况下，毛泽东又明确要求："不仅刑法要，民法也需要，现在是无法无天，没有法律不行，刑法、民法一定要搞，不仅要制定法律，还要编案例。"③

"一维三保"的社会主义法制职能。1957年1月，在讨论社会主义法律的职能时，毛泽东提出了"一维三保"的观点，他说："我们的法律，是劳动人民自己制定的，它是维护革命秩序，保护劳动人民利益，保护社会主义经济基础，保护生产力的。"④

"四结合"的立法原则。"四结合"即领导和群众相结合、领导和广大积极分子相结合、原则性和灵活性相结合、本国经验和国际经验相结合。毛泽东在总结五四宪法时认为，之所以大家说它好，能够得到大家的拥护，就是坚持了这样的原则，实现了这些方面的结合。由此，他提出"今后也要如此。一切重要的立法都要采用这个方法"⑤。

"以改造思想为目的"法制价值取向。就哲学层面而言，毛泽东一贯十分重视人的主观能动性，重视从"必然王国"到"自由王国"的飞跃，特别强调意志对行为的影响力。他认为，一个人违法犯罪，根源在其受到剥削阶级及其他腐朽没落思想支配，不解决思想问题，也就无法从根本上解决行为问题。一方面法制要配合思想教育，另一方面对绝大多数违法犯罪分子要实施劳动改造，监狱就是刑事犯罪人员的劳动改造工厂或农场。他说过，对群众中比较普遍的现象"法不责众"，要不断开展各种政治教育运动才能触及灵魂。在"文化大革命"中，把"地富反坏右"和一般刑事犯罪分子，交给群众批斗，交由群众监督劳动改造，在毛泽东看来，这是比判刑收监、剥夺人身自由更体现人道主义的思想改造办法。（事实上，"群众专政"对人格侮辱所造成的精神损伤更甚，许多人不堪忍受而选择了自尽。）

---

① 《毛泽东著作选读》（下册），人民出版社1986年版，第710页。
② 《刘少奇选集》（下卷），人民出版社1985年版，第253页。
③ 转引自赵苍璧《在法制建设问题座谈会上的讲话》，《人民日报》1978年10月29日。
④ 同上。
⑤ 《毛泽东著作选读》（下册），人民出版社1986年版，第707页。

"宽严相济"的刑罚方针。新中国成立之初，为巩固新生政权，严厉镇压反革命，采取了"镇压与宽大相结合"的方针，后来毛泽东把"镇压"改为"惩办"，他主张我们对反革命分子和其他犯罪分子一贯地实行惩办和宽大相结合的政策，就是不把从前当权的、犯过错误的和被自己推翻的人都消灭掉，不论反革命、敌我、是非，凡是能保存的都保存，都给工作，但是要把是非弄清楚。① 毛泽东一贯坚持慎用死刑，他作过一个很形象的比喻："一颗脑袋落地，历史证明是接不起来的，也不像韭菜那样，割了一次还可以长起来，割错了，想改正错误也没有办法。"② 早在1951 年 5 月，他就要求将杀人批准权一律收回到省级，离省远者由省级派代表前往处理"③。到 1956 年 9 月，进一步明确"再杀人由中央批准"④。

（三）毛泽东法制思想的历史局限

毛泽东法制思想具有明显的局限性，这种局限性是时代的局限性，是长期封建社会基础上建设现代化国家所付出的代价，也是探索符合中国国情的社会主义道路上难免的曲折，更是今天建设中国特色社会主义法治国家必须卸下的历史包袱。它突出表现在四个方面。

借围绕党的中心工作开展法制建设行"以党代法"。从理论上说，法制作为上层建筑必然服务于一定的经济基础，社会主义法制必须为社会主义建设服务。但是法制本身具有稳定性特征，"朝令夕改"就叫人无所适从。而党的中心工作是具体的、是不断变化的，如果简单地、庸俗地要求法制服务于这些中心工作，法制要么成为可以随意捏弄的橡皮泥，要么只能弃之一隅。过去的历史清楚地表明，凡是所谓政治运动，极少有在法制范畴之内进行的。更为过分的是某一个地方、某一位领导就可以自称其正在进行的某项具体事务是"党的中心工作"，因而也就可以"党说了算"，所谓"以党代法"甚至变成了以党的某个领导人的意志代替法制。时至

---

① 　参见毛泽东《在中共七届七中全会第三次会议上的讲话》（一九五六年九月十三日），《党的文献》2006 年第 1 期，第 5 页。

② 　《建国以来毛泽东文稿》（第六册），中央文献出版社 1992 年版，第 98 页。

③ 　《建国以来毛泽东文稿》（第二册），中央文献出版社 1992 年版，第 275 页。

④ 　毛泽东：《在中共七届七中全会第三次会议上的讲话》（一九五六年九月十三日），《党的文献》2006 年第 1 期，第 5 页。

今日，中共在国家和社会治理活动中仍然难以做到依法办事、依法执政，与这种形而上学错误认识的长期影响是密切相关的。

过分强调法制是无产阶级专政的工具。专政所调节的是对立阶级之间的关系，而法制调节的是整个社会关系。法制不仅具有惩戒功能，而且有引导作用；不仅是国家社会治理的工具，而且也是治理的原则和目标。一味强调法制作为无产阶级专政工具，必然导致两个极端，一是体现专政功能时法制被滥用，比如过去给路线、思想定罪；二是体现社会调节功能时法制被弃用。1958年8月24日，在北戴河会议上毛泽东说："不能靠法律治多数人……我们基本上不靠那些，主要靠决议、开会，一年搞四次，不能靠民法、刑法来维持秩序。我们每次的决议都是法，开一个会也是法。要人治，不要法治。《人民日报》一个社论，全国执行，何必要什么法律？"刘少奇也表示赞同，他说："到底是人治还是法治，看来实际上靠人，法律只能做办事参考，党的决议就是法。"①

法制与权力、民主脱节。现代社会，最重要的社会关系，莫过于人与组织、人与人之间的关系。法制作为社会关系最普遍的调节器，既要授予权力，给权力以合法来源，又要限制权力，防止公权力的滥用损害社会成员的利益；既要保护民主，又要节制民主，防止部分成员借民主的名义损害其他社会成员的民主权利。早在1945年毛泽东与黄炎培著名的延安"窑洞对"就说，中共找到了一条破解"历史周期律"的新路，这就是只有"让人民来监督政府，政府才不敢松懈。只有人人起来负责，才不会人亡政息"②。为什么长期以来群众的监督不能落实，难以发挥作用，就因为监督没有明确的法制保障。特别是在国内民主政治建设中采用了一种实用主义的方式，需要"民主"的时候就发动群众运动，不需要"民主"的时候就压制群众运动。因此，民主也好，权力也罢，都必须建立在科学的、有法制保障的基础之上。

轻视法学家和法学理论。按照阶级专政理论的推理，西方法学理论是为资产阶级统治服务的，研究西方法学理论的法学家是资产阶级知识分

---

① 转引自张懋《第四届全国司法工作会议的来龙去脉及其严重影响》，载《董必武法学思想研究文集》（第四辑），第427页。

② 黄炎培：《八十年来》，文史资料出版社1982年版，第164页。

子，他们与社会主义格格不入，甚至是被专政的对象。无论是国家的法制建设还是法制宣传，都应该更多地听取群众、领导、积极分子的意见和建议，而不是专家。后来在大专院校专业调整中，甚至连法律这门学科整体上也被"抹杀"了。这一局限对中国社会主义法制体系的健全和法学理论的发展，都造成了严重的负面影响。

四　毛泽东法制思想与中国特色社会主义法制思想的辩证关系

毛泽东法制思想，是毛泽东思想的重要组成部分，它是以毛泽东为核心的中共第一代领导集体探索新中国社会主义法制建设的理论成果，是关于如何开展新中国社会主义法制建设的理论和实践经验的总结。毛泽东是它的主要创立者，党的许多重要领导人如刘少奇、周恩来、董必武等都对它的形成和发展作出了重要贡献。中国特色社会主义法制思想是中国特色社会主义理论的重要组成部分，它是改革开放以来中共历届中央领导集体探索中国特色社会主义法制建设的理论成果，是关于如何开展新时期中国特色社会主义法制建设的理论和实践经验的总结。正确认识历史和现实、继承和发展，辩证看待新中国 60 余年法制思想发展历程的连续性和阶段性、进步性和曲折性，进而正确看待毛泽东法制思想与中国特色社会主义法制思想的辩证关系，是我们科学总结经验，站在新的历史起点上继续前进的基础和前提。

（一）毛泽东法制思想是中国特色社会主义法制思想产生、发展的前提和基础

毛泽东法制思想是改革开放前中国法制建设的指导思想，在其指导下形成的法制成果和法制建设经验是中国特色社会主义法制建设的逻辑起点。它为改革开放后继续探索中国社会主义法制建设提供了理论准备。

这一辩证关系，一方面体现在思想方法上。择其要者，如：实事求是的思想路线，为中国特色社会主义法制建设提供了基本思想方法；群众路线的民主原则，为中国特色社会主义立法工作提供了基本原则；社会主义原则，成为中国法治建设必须遵循的基本指导思想。另一方面，体现在具体制度原则上。择其要者，如：确立国家的基本政治制度、经济制度、文化制度。坚持公民在法律上一律平等，赋予公民广泛的权利和自由等原则。确立中华人民共和国宪法的结构和体例，为中国法治建设提供了重要

基石，并被后来历次宪法修改继承和保留。毛泽东还首次提出了"改造第一，生产第二"①的劳动改造方针。提出了建立死缓制度，对贯彻慎用死刑的原则起到了制度保障的作用。提出了谨慎对待富农土地问题，保护无地少地农民的利益，彻底废除封建土地所有制。提出了男女平等、婚姻自由、保护妇女和子女合法权益原则，为妇女解放、社会进步起到了推动作用等。

另外，由于所处时代和历史条件的限制，毛泽东法制思想也存在一些局限和不足，前文已经简要分析。正是这些局限和不足为中国特色社会主义法制思想的产生提供了反面经验。如过分重视法律的阶级统治功能，把法律当成贯彻领导意图的工具，却忽略了法律的社会规范功能，从而使整个国家的命运不可避免地与领导者个人意志结合了起来。个人意志的非稳定性、非理性因素直接影响着国家的发展和稳定，使国家最终走向了人治。过分重视执政党政策的功能，忽视了国家法律对政策的规范和制约作用，使党法关系失去平衡，党委成了凌驾于所有国家机关之上的机构，党的指示和命令逐渐替代了法律，国家和社会走到了"无法无天"的境地。过分强调对旧法统的彻底否定，忽视了法的继承性和连续性，使中国法制传统几近丧失。由于新的法制难以在短时间内形成，于是，移植他国法律成为必然选择，然而移植来的法制却常常水土不服，又需要进行本土化等，故新中国法制建设经历了艰难曲折的探索历程。毛泽东法制思想中的这些历史局限及其造成的影响，也不可避免地成为中国特色社会主义法制建设中必须予以高度重视和长期矫正的问题，在对这些局限的反思与突破中，中国特色社会主义法制思想才能逐步走向系统、成熟、科学。

（二）中国特色社会主义法制思想是毛泽东法制思想的继承、发展和创新

中国特色社会主义法制思想在继承毛泽东法制思想精髓的基础上，对毛泽东法制思想中不适应中国法制建设实际的部分进行了重大调整和变革。如批判轻视法律、取消法制的法律虚无主义思想，结束"以阶级斗

---

① 毛泽东在《论人民民主专政》一文中首先提出了对反动阶级和反动派劳动改造的问题，1956 年刘少奇代表党中央提出了"改造第一，生产第二"的监狱工作方针，这一方针在 1964 年召开的第六次全国劳改工作会议上被正式确定下来。

争为纲"的错误方针。重新探讨法的本质，认识到法除了具有阶级性之外，还具有社会性。重新定位法的功能，明确法不仅具有维护阶级统治的功能，而且还具有社会管理、保护和发展生产力等多种功能。重新思考民主与法制的关系，重新认识法律与政策的关系。注重研究法的继承性，把握不同法律之间的共性和规律等，这些都是对毛泽东法制思想的变革和突破。

中国特色社会主义法制思想对毛泽东法制思想的发展和创新，主要体现在以下几个方面。

一是提出了依法治国思想，并以宪法的形式将依法治国方略确定了下来。"依法治国"方略的提出是社会主义民主法制建设史上重要的里程碑。一方面它解决了国际共运史上社会主义国家治理方式的问题，丰富了科学社会主义的内涵。另一方面它将法制的地位提到了前所未有的高度，标志着社会主义国家不仅要大力加强法制建设，而且国家、社会和执政党的一切活动都要以法为准则，这是对传统人治思想的否定和颠覆，也是现代法治思想的核心理念。从改革开放起，中国就开始寻找和探索一条适合中国国情的民主法制建设之路，最终中共找到了这条道路，即走"依法治国，建设社会主义法治国家"之路。改革开放30多年来，中共历届中央领导集体都是沿着这条道路，围绕实现这一目标而努力奋斗的。

二是全面设计规划了落实依法治国方略的具体措施。实现依法治国的基础和前提是要做到有法可依。改革开放30多年来，加强和完善立法始终是中国法治建设中的优先工作。围绕立法，中共先后提出了构建"有中国特色的社会主义法律体系""社会主义市场经济法律体系""中国特色社会主义法律体系"等明确的立法目标。中国特色社会主义法律体系的最终形成，实现了国家和社会生活的有法可依，也使中国的发展进步有了基本制度保障。同时，全面落实依法治国方略，还必须切实保护公民权利，推进一切行政机关依法行政；必须维护公平正义，改革司法体制，加强对权力的制约和监督；必须开展普法教育，提高公民法律意识等。

三是在全面落实依法治国方略的过程中，提出了一系列新的法制和法治理念。如，"尊重和保障人权""宪法和法律至上"，立法要"以人为本""加快立法步伐，提高立法质量""坚持依法治国、依法执政、依法行政共同推进""坚持法治国家、法治政府、法治社会一体建设""法治中国""依宪治国""依宪执政"等都是对毛泽东法制思想的创新和发展。在全面落实依法治国方略的过程中，法律已经逐步超越了单纯的纠纷解决和社会治安维护功能，发展成为组织社会各种力量和推动社会改革的重要工具。可见，法治国家形成的过程，在本质上就是法律功能日益扩展的过程。

中国特色社会主义法制思想在继承毛泽东法制思想成果的基础上，结合新的实践对毛泽东法制思想作出了重大创新。辩证认识并准确把握中国特色社会主义法制思想与毛泽东法制思想的重大区别与内在联系，是树立中国特色社会主义道路自信、理论自信、制度自信、文化自信的重要途径，也是建设中国特色社会主义法治国家的基础和前提。

总而言之，中国特色社会主义法制思想体系产生于马克思主义法制理论基础之上，形成于改革开放实践过程之中，植根于中国法制传统文化之内，反映了改革开放30多年来中国社会的发展变化，体现了中国国情需要和本土特色，代表了中国特色社会主义随着实践变化不断前进的开放精神。它具有深厚的理论渊源、丰富的实践渊源、坚实的文化渊源，集时代性、实践性和开放性等多维特征于一体。这一思想理论体系不仅指导中国特色社会主义法制建设实现了从"无法可依"到"有法可依"的重要转变，而且促使其继续向建设"法治中国"的伟大目标不断迈进；并且，通过在实践中不断自我发展、自我完善，实现了马克思主义法制思想在新的时代条件下的理论创新。

第二章

中国特色社会主义法制思想的
奠基（1978—1992）

1978 年至 1992 年是中国特色社会主义法制思想的奠基时期。以邓小平为核心的中共第二代中央领导集体在深刻吸取历史经验教训的基础上，对中国如何开展社会主义法制建设作出了一系列重要论述和阐释，不仅正确回答了人们普遍关心但又容易出现偏差的重大理论和实践难题，而且为新时期中国法制建设指明了前进的道路和方向。这一时期的中共法制思想突破了传统"法制工具论"的束缚，科学解答了社会主义条件下民主与法制的关系、经济建设与法制的关系、党的领导与法制的关系以及不同法统之间的关系等问题，确立了法制建设在党和国家建设中的重要地位，并从中国处在社会主义初级阶段的基本国情出发，指出了中国法制建设必须坚持的根本指导思想、基本方针、基本路径、首要任务，初步提出了构建中国特色社会主义法律体系的伟大目标，为中国法制建设规划设计了一条切实可行的道路。以邓小平为核心的中共第二代中央领导集体的法制思想是中国特色社会主义法制思想奠基时期的理论成果，它不仅为中国法制建设实践提供了理论指导，而且进一步丰富和发展了中国特色社会主义法学理论和毛泽东法制思想。

第一节　中国特色社会主义法制思想
奠基时期的背景分析

历史地、具体地看问题是马克思主义教给我们的基本方法。对待各种思想理论，都应该把它放到具体的历史背景下，联系它所针对的具体问题来思考。研究中国特色社会主义法制思想也是如此。中国特色社会主义法制思想形成于 20 世纪 70 年代末至 90 年代初这一特殊历史时期，建立在总结其他社会主义国家兴衰成败的经验教训、反思中国社会主义法制建设的曲折历程、吸取西方发达国家法制建设成果的基础之上，有着深刻的国际、国内背景。

一　中国特色社会主义法制思想奠基时期的国际背景

（一）"苏联模式"对社会主义民主法制的负面影响为中国特色社会主义法制建设提供了前车之鉴

苏联在建国之初，就颁布了宪法、民法、刑法、土地法、劳动法、法院组织法、检察院组织法、刑事诉讼法、律师法等一系列法典，建立了比较完备的法律体系。在民主形式方面，确立了苏维埃——人民代表机关的社会主义国家制度。可以看出，苏联政治制度设计中包含了民主和法制的因素。但在斯大林后期社会主义民主和法制却遭到了严重破坏，出现了个人专权、个人崇拜，并造成了肃反扩大化等一系列严重错误。

赫鲁晓夫在苏共二十大上作的《关于个人崇拜及其后果》的秘密报告中指出，"斯大林运用惩罚机构日益大规模地、顽强地采取行动，他这样做的同时也就公然破坏了一切现存的道德准则和苏维埃法律。"[1] 赫鲁晓夫执政之后，提出了"加强法制"的口号，采取了一系列措施，为囚犯平反和恢复名誉，大赦和提前释放在押犯人，整顿国家安全机关，取消它们的司法特权，健全司法制度，修改法令、完善立法，使社会矛盾得到了一定程度的缓和，但他并没有从根本上看到苏联的病因，也无法从根本上纠正"苏联模式"的弊端。在勃列日涅夫执政时期，个人专权再次得到了加强，干部任命制和终身制达到了登峰造极的地步，干部贪污腐化问题日益严重，民主和法制又一次遭到严重破坏。苏联民主和法制屡遭破坏的根源，在于苏联模式存在严重的体制弊端，即共产党高度集中的领导体制。这种体制集"党的组织行政化""党政机关官僚化""国家权力个人化""干部制度委任化""个人崇拜普遍化""监督机构无效化"于一体，

---

① 转引自阿朱别依《赫鲁晓夫执政十年》，法律出版社 1988 年版，第 229 页。

最终使执政党凌驾于宪法和法律之上，权力不受任何监督，国家法律制度形同虚设，变成了彻头彻尾的人治。可见，在社会主义国家一党执政的条件下，如何处理党政关系、党法关系是一个重大的课题。尽管列宁早就提出过党政既要有分工又要有结合的原则，但在具体实施过程时，一直都没有很好地解决这个问题，以致在斯大林时期形成了高度集中的领导体制，他将国家权力集中于执政的共产党手中，使执政党与国家立法机关、行政机关、司法机关的界限模糊不清，甚至出现本末倒置，从而阻碍和破坏了苏联民主法制的进一步发展。

"苏联模式"的弊端给新中国民主法制建设造成了不容忽视的消极影响，斯大林在法学领域中的一些错误和有害观点及苏联高度集权的政治体制和管理模式，传入新中国并被全盘接受。彻底反思"苏联模式"的弊端成为新时期中国特色社会主义法制建设的重要任务之一。

（二）西方法制建设的成功经验为中国特色社会主义法制建设提供了重要参考

由于意识形态的对立，新中国与资本主义发达国家长期处于敌对状态，不仅得不到发达国家的帮助，而且长期遭受来自西方发达国家的各种制裁。本国资源相对不足，资金严重缺乏，科学技术落后，管理知识和经验不足等问题长期得不到有效改善。中国要谋求发展，必须与西方发达资本主义国家加强合作，吸收借鉴他们发展过程中的一切有益经验。基于这样的判断，中国在 1978 年之后迅速打开国门，实行对外开放，积极采取一切有利于解决本国发展问题的措施，以谋求更快的发展速度、更好的发展质量。加强法制建设也是当时解决发展问题的措施之一。

西方发达国家实行市场经济，崇尚法治文明。而中国在打开国门之前实行的是计划经济，法律也寥寥无几，根本没有与西方发达国家合作的基本制度平台。因此，在抓紧与他们开展经济合作的同时，还有一项重要的任务就是建立国家的基本法律制度。1979 年 5 月，邓小平为了争取到日本政府给中国的贷款，在会见日本自民党铃木善幸时说，"我们准备搞一个投资法。这个立法本身就表明中国的政策没有变。有关的专利法、国际贸易法、国际经济关系法，以后都要逐步搞出来。没有这些法，今后如果打官司，我们总会输，而且还有一个国际信用问题。"① 究竟如何制定这些法律呢，邓小平特别强调，"过去我们同世界隔绝，没有这些法律，今后要参照世界上的法律来制定我们自己的法律。"② 在初步计划制定民法通则时，彭真也曾对顾昂然说，"关于民法调整范围，要了解各国有关情况，广泛收集材料。组织相关院校、法学所等单位翻译外国材料，印些参考资料。"③ 随后，法学界开始全面、深入研究西方法律制度和法律思想，一大批西方法学著作被引进到了中国，直接或间接地影响着中国特色社会主义法律制度的确立和完善。

可见，新时期中国法制建设是在吸收西方法律制度建设成功经验的基础上展开的。西方法制建设成果为中国特色社会主义法制建设提供了直接有效的参考，中国特色社会主义法律制度中包含了许多西方法制建设的理念和思想。

（三）和平与发展的时代主题为中国特色社会主义法制思想形成提供了基本前提

科学判断国际形势，准确把握时代特征是一个国家作出正确决策的前提和基础。20 世纪 80 年代末，邓小平运用马克思主义的基本立场、观点和方法，认真分析国际形势和国际关系在第二次世界大战之后发生的新变化，大胆提出了和平与发展两大问题是当时世界主题的新观点和新判断。对这一时代特征的准确把握不仅是新中国实行"和平外交"政策的根本理论依据，也是中国推进改革开放和社会主义现代化建设一系列方针政策的理论依据和思想基础。中国特色社会主义法制建设是为社会主义现代化服务的，中国特色社会主义法制思想也是以这一时代特征为基本立足点展开思考的。

法制建设与社会主义建设一样，需要和平稳定的国际环境。在以战争为主题的时代，由于法制的稳定性无法适应战争形势的瞬息万变，故它无法在战争期间充分发挥作用，也不能成为调整社会关系的主要措施。既使部分法律能发挥作用也面临着朝令夕改的命运。相反，政策和命令却是战

---

① 《邓小平年谱（一九七五——一九九七）》（上），中央文献出版社 2004 年版，第 520 页。

② 同上。

③ 《彭真年谱》（第五卷），中央文献出版社 2012 年版，第 29 页。

争时期经常被使用的灵活性措施。可见，国际国内局势的状况及执政党对国际国内局势的判断和认识在某种程度上决定着国家工作的重点和采取的措施。20 世纪 80 年代以前，国际局势以美苏争霸为主，新生的社会主义政权面临着各种威胁，特别是资本主义的腐蚀。因此，中国对国际局势的判断是战争与革命，国家建设的重点也便放在了加强军事设施及相关产业的建设上，国内以开展阶级斗争、肃清反革命势力为主要任务，社会调整以党的政策和国家领导人的讲话为主要措施。20 世纪 80 年代以后，尽管美苏争霸的格局仍在继续，但随着各种反对霸权主义、维护世界和平力量的发展壮大，邓小平大胆预测，在相当长的历史时期内，和平力量的增长是超过战争力量增长的，在较长时间内不发生大规模的世界战争是有可能的。故他主张以和平而不是以战争的方式、以对话而不是以对抗的方式、以合作而不是仅仅以竞争的方式解决国家之间的矛盾和冲突。这一判断不仅为中国处理国际关系提供了认识基础，而且为开展国内建设、重启法制手段调整社会关系提供了思想前提。80 年代末 90 年代初，东欧剧变、苏联解体，"两极"对立格局终结，尽管以美国为首的西方发达资本主义国家并没有放弃对中国的干涉，但以邓小平为核心的中共第二代中央领导集体将"和平与稳定"放在最重要的位置，倡导建立国际政治、经济新秩序，积极推动并主动参与世界政治多极化、经济全球化的发展进程，全面改善和发展同"东西南北"各种性质、各种类型国家间的关系，从而为中国特色社会主义建设争取到了最有利的国际环境。

同时，邓小平还提出，发展问题是任何国家都要面临的问题，应该提高到全人类的高度来认识。并明确指出发展问题既是发展中国家自己的责任，也是发达国家的责任。南北问题不解决，将会影响整个世界经济的发展，包括发达国家自身的发展。[1] 因此，无论是发达国家还是发展中国家都要加强合作，实现共赢。而加强合作、谋求发展最重要的平台就是搞制度建设，即在各国共同认可的规范体系下开展合作是最好的合作方式。中国的改革开放就是在不断完善、修正国内法，适应国际规则体系的过程中进行的。正是基于对国际国内局势的正确判断，才有了中国特色社会主义建设的顺利开展，也才有了中国特色社会主义法制建设的稳步推进。

---

① 参见《邓小平文选》（第三卷），人民出版社 1993 年版，第 281 页。

二　中国特色社会主义法制思想奠基时期的国内背景

（一）社会主义制度的建立为中国特色社会主义法制建设确立了目标和方向

社会主义制度的建立是中国历史上最伟大最深刻的社会变革，它使中国从一个落后的半殖民地半封建社会直接进入了社会主义新时代。社会主义制度的建立不仅为中国的一切发展进步提供了前提和基础，而且为新中国法制建设提供了基本的经济、政治、文化及外交框架，从而使其在根本上区别于封建的和资产阶级的法制。中国特色社会主义法制建设也是在这些基本制度基础上进行思考的。

在经济领域，随着 1956 年社会主义改造的基本完成，以生产资料公有制为基础、以按劳分配为主要方式的社会主义经济制度已经建立起来，中国胜利完成了从新民主主义到社会主义的过渡。在政治领域，第一届全国人民代表大会的召开和《中华人民共和国宪法》的颁布，确立了新中国的国家性质，也确立了人民代表大会制度、民族区域自治制度等社会主义政治制度。在社会阶级状况和主要矛盾方面，由于剥削阶级除个别地区外已经被消灭，因此，中国社会的阶级关系已经发生了根本变化，社会的主要矛盾由过渡时期存在的无产阶级同资产阶级之间的矛盾转变为生产力与生产关系之间的矛盾。在科学文化方面，马克思主义意识形态领域的主流地位已经被确立，知识分子思想改造、旧教育制度改革也已经完成。1956 年，中共中央为了进一步繁荣社会主义文化，把"百花齐放、百家争鸣"确立为科学文化工作的指导方针，给中国思想文化界带来了勃勃生机，社会主义文化开始繁荣。在对外政策方面，坚持和平共处五项原则，初步提出了"打开国门"的政策，除了继续巩固和加强同苏联和各人民民主国家的友谊之外，同亚、非等其他国家建立和发展友好关系，同一切愿意与新中国建立外交关系和经济文化关系的国家建立和发展友好关系。[①]

社会主义制度的确立，为新中国的发展指明了方向，极大地调动了广大人民群众的积极性。当然，在探索社会主义建设的过程中也出现了严重

[①]　齐鹏飞主编：《中华人民共和国国史》，中国人民大学出版社 2009 年版，第 112 页。

的失误和挫折。经济建设方面，出现了过急过快的状况，人为地加快生产关系的改变，给社会生产和生活秩序带来了巨大的冲击；政治建设方面，由于缺乏健全有效的制度约束，个人专断逐渐抬头，人民内部矛盾逐渐演变成阶级斗争，社会主义民主法制遭到了严重破坏；思想文化建设方面，随着"反右派"斗争的扩大化，文艺界也展开了相应的思想批判运动，一大批文艺作品和作者被定为资产阶级性质，遭到政治批判。社会建设方面，由于国家权力过分干预，社会生活完全被行政化、政治化，人民群众失去了自由发展的空间，等等。这些都成为今后建设中国特色社会主义需要认真反思和总结的历史教训。

（二）反思"文化大革命"的深刻教训是中国特色社会主义法制思想形成的逻辑起点

历时十年之久的"文化大革命"，是新中国探索社会主义民主政治建设过程中经历的重大挫折，它不仅使中国民主政治建设的现代化进程出现大倒退，而且给党、国家和人民带来了深重的灾难。彻底否定"文化大革命"，并深刻总结、反思这场政治运动留下的教训是建设中国特色社会主义理论提出的重要前提。反思这场政治运动对新中国民主法制建设的破坏，也是中国特色社会主义法制思想形成的重要历史背景。

"文化大革命"对民主法制的破坏体现在以下几个方面：一是"大鸣、大放、大字报、大辩论"等"大民主"形式破坏了社会主义民主。"大民主"的实质是发动无秩序的群众运动。毛泽东称"大鸣、大放"大辩论和大字报是1957年中国革命创造的一个最革命、最生动、最民主的群众斗争形式。[①] 在"文化大革命"期间，这些形式得到了最充分的运用。其实，这些看似民主的方式根本就不可能体现真正的社会主义民主，反而对中国政治生活造成了前所未有的冲击和危害，成为政治迫害、人身侵犯、打砸抢烧杀大行其道的合法外衣。二是社会主义法制遭到了空前的破坏。"文化大革命"期间，中国正常的立法工作被迫停止。正在起草的《刑法》《刑事诉讼法》《民法》《民事诉讼法》都中断了，无法可依、有法不依的现象普遍存在。只要领导人一句话，只要造反派一张大字报，无须经过任何法律程序，就可以给人定罪。非法人身攻击、人格侮辱及不经

---

① 参见《建国以来毛泽东文稿》（第六册），中央文献出版社1987年版，第592页。

任何司法程序的关押、监禁更是随处可见。在这样的社会里，民主和法制已经不复存在。三是刚确立不久的社会主义政治体制遭到严重破坏。"文化大革命"期间，中国政治中的权力格局和政治体制发生巨大变化。中央"文革小组"的权力迅速扩张，一度取代了中央政治局和书记处；军队强力介入地方事务，林彪集团逐步形成并掌握了军队很大一部分权力，最终导致"九一三事件"的发生；人民代表大会制度和政治协商制度受到严重冲击，全国政协机关甚至被迫关闭，宪法赋予人民代表大会和中国人民政治协商会议的各项权力全部落空；公检法等政法机关被砸烂，政法体制遭到毁灭性破坏。旧的国家机器被彻底打碎，同时成立了新的领导机构"革命委员会"，掌握国家的各项大权，成为开展阶级斗争的有力工具。① 四是个人崇拜和个人专断迅速膨胀，党的民主集中制原则和集体领导原则遭到破坏。"文化大革命"期间，个人崇拜发展到狂热程度，挥舞"红宝书"、佩戴"红像章"，早请示、晚汇报，编语录歌，跳语录舞等成为一种社会生活，严重破坏了党内民主，阻碍了社会主义民主法制建设。

十年"文化大革命"给中国民主法制建设带来了巨大的灾难，初步建立的法律制度被破坏殆尽，法律虚无主义在全社会蔓延、泛滥，不仅发生了连国家主席都得不到法律保护的悲剧，也扼杀了一代中国人对于民主法制的朦胧追求。② 就在一片法制的废墟上，中国人民开始用清醒的头脑思考国家和民族的未来，一场深刻的社会变革即将到来。

（三）改革开放的伟大决策是中国特色社会主义法制思想形成的现实依据

中共十一届三中全会决定，全党和全国人民的工作重心转移到社会主义现代化建设上来，并且围绕这一中心转移作出了实行改革开放的历史性决策。在改革开放的推动下，中国特色社会主义法制建设逐步前进，中国特色社会主义法制思想日益形成。

首先，改革开放促进了中国对外经济贸易领域各项制度的建立和完

---

① 参见齐鹏飞、温乐群主编《20 世纪的中国——走向现代化的历程（政治卷 1949—2000)》，人民出版社 2010 年版，第 143、145、146、148、150 页。

② 参见沈国明、王立民主编《二十世纪中国社会科学法学卷》，上海人民出版社 2005 年版，第 49 页。

善。中共十一届三中全会后，迫于同法制相对完备的发达国家开展合作的需要，中国率先颁布了一批经济法律，包括中外合资经营企业法、个人所得税法、中外合资经营企业所得税法及经济合同法，外国企业所得税法等多部法律。尤其是 1985 年彭真访日回国之后，更加深刻地认识到立法的重要性和紧迫性。"立法工作要抓紧。这次到日本，发现外国人对我们领导人的讲话是重视的，但他们更重视的是法律……同外国打交道，法律不完备不行。"① 仅 1985—1990 年，中国就相继颁布了会计法、涉外经济合同法、继承法、计量法、外国人入境出境管理法、中国公民出境入境管理法、民法通则、义务教育法、土地管理法、企业破产法（试行）、国境卫生检疫法、邮政法、海关法、技术合同法、全民所有制工业企业法、中外合作经营企业法、标准化法、进出口商品检验法等多部涉及经济、民事领域的法律。同时，改革开放也促进了中国立法体制的形成。为了解决法律的稳定性与改革开放的变动性之间的矛盾，1985 年 4 月 10 日，全国人大授权国务院在经济体制改革和对外开放方面可以制定暂行规定或者条例。这样，就形成了中国立法机关与行政机关共同立法的特殊体制。

中国特色社会主义法制建设体现了改革开放的内在要求，改革开放为中国特色社会主义法制建设创造了现实条件，二者相伴而生、相伴而行、相互促进。研究中国特色社会主义法制思想不能脱离改革开放这一重大的社会实践，否则，就难以深刻理解和准确把握中国特色社会主义法制思想体系的丰富内涵，甚至会产生种种偏颇的、扭曲的、脱离实际的教条主义的认识和判断。

第二节　中国特色社会主义法制思想 在奠基时期的基本内容

奠基时期的中国特色社会主义法制思想，是由以邓小平为核心的中共第二代中央领导集体共同创立的，关于如何开展中国特色社会主义法制建设的思想、理论、观点和方法的总和。它初步搭起了中国特色社会主义法制建设的基本理论架构，对中国特色社会主义法制思想理论体系的形成具

---

① 《彭真年谱》（第五卷），中央文献出版社 2012 年版，第 315 页。

有根本性、奠基性的作用，是中国特色社会主义法制思想的基石。

一　确立法制建设在党和国家建设中的重要地位

正确认识法制建设在党和国家建设中的地位和作用是顺利开展社会主义法制建设的基础和前提。深刻总结历史经验教训，认真思考并准确把握法制与政治、经济、文化、社会、政党之间的关系，进而确立其至高无上的地位是中国特色社会主义法制思想形成的历史起点。

（一）法制是社会主义民主的重要保障

没有民主就没有社会主义。中国共产党自创建之日起，就把争取民主作为革命的目标，并为之进行了坚持不懈的斗争。1945 年 7 月，毛泽东在与黄炎培的谈话中指出，民主是中共跳出历史周期律的"新路"①。新中国成立后，他将民主作为立国之本，探索建立了政治协商制度、人民代表大会制度、民族区域自治制度等基本政治制度，为社会主义民主政治的发展创造了良好的制度平台。在探索社会主义建设事业过程中，"人民"始终是毛泽东政治实践的出发点和落脚点。但遗憾的是，毛泽东将大规模的群众运动作为主要形式运用到社会主义政治建设中，并用"大民主"的方式解决社会主义建设时期遇到的一切经济、政治、文化及社会问题。结果表明，这一方式不仅没有实现真正的社会主义民主，反而对民主和法制造成了更大的破坏。尽管如此，这一切并没有动摇中国共产党追求民主的决心和意志。经过认真反思这些挫折和失败，中共对民主的理解更加深刻。1979 年，邓小平在《坚持四项基本原则》一文中重申："没有民主就没有社会主义，就没有社会主义的现代化。"② 中共十二大报告再次将建设高度的社会主义民主作为中国现代化建设的根本目标和根本任务予以明确。可见，民主不仅是一种治国手段，还是社会主义建设的首要目标，民主与社会主义不可分割。

发挥法制对民主的保障作用。中共第二代中央领导集体反思"文革"的另一个重要成果就是民主必须制度化、法律化。这样，一方面，可以防止"文化大革命"再次发生，避免重蹈历史覆辙。彭真曾在 1985 年 7 月

---

① 参见黄炎培《八十年来》，文史资料出版社 1982 年版，第 164 页。

② 《邓小平文选》（第二卷），人民出版社 1994 年版，第 168 页。

对立法工作干部培训班学员的讲话中强调："是不是还允许今后再发生'文化大革命'那种情况？我看，没有哪个老百姓，没有哪个忠实于共产主义事业的同志，希望再发生'文化大革命'。但是，只有愿望不行啊！总要有个东西作保障。什么东西？就是要健全社会主义民主和法制，十亿人统统都要按照宪法、法律办事，就是一项重要保障。"① 另一方面，在法制的保障下，可以充分发扬人民民主。由于"旧中国留给我们的，封建专制传统比较多，民主法制传统很少。解放以后，我们也没有自觉地、系统地建立保障人民民主权利的各项制度"②，中国民主政治建设异常艰难。这就要求国家必须首先加大法制建设力度，并以此为保障，经过有序推进，真正建立起社会主义的民主。可见，法制既是破除人治，防止独裁专制的利器，也是保障民主的必要手段，加强法制建设已经成为中国共产党准确把握中国民主政治建设规律的必然选择。

经过认真思考和全面总结新中国社会主义民主法制建设的成败得失，邓小平坚决否定并果断摒弃了曾经被热捧的法制"工具论"思想，将法制建设上升到国家战略和全局的高度，"要继续发展社会主义民主，健全社会主义法制。这是三中全会以来中央坚定不移的基本方针，今后也决不允许有任何动摇。"③ 从而，在中共党史和中国社会主义建设史上，第一次将法制建设作为国家的一项基本方针确定了下来。

（二）法制是社会主义现代化的重要保障

稳定的政治环境是现代化建设的基本前提。邓小平十分关注社会稳定问题。"中国要搞四个现代化建设，没有一个稳定的政治形势不行。"④ 邓小平之所以多次强调稳定的政治局面和政治环境对开展社会主义现代化建设的重要意义：一方面是由于中国还处在社会主义初级阶段，经济发展的任务十分繁重。将国家工作的重心放在经济建设上，放在生产力的发展上，是中国在社会主义初级阶段的必然选择，一切工作都必须服从和服务于这一中心。另一方面也是反思"文化大革命"沉重代价和深刻教训的

---

① 《彭真文选》（一九四一——九九〇年），人民出版社1991年版，第533页。

② 《邓小平文选》（第二卷），人民出版社1994年版，第332页。

③ 同上书，第359页。

④ 《邓小平文选》（第三卷），人民出版社1993年版，第207页。

必然结果。"文化大革命的经验已经证明，动乱不能前进，只能后退，要有秩序才能前进。"① 邓小平始终把保持社会稳定当作一个关系社会主义事业兴衰成败的根本条件，离开这个条件，中国特色社会主义建设事业就无法顺利进行下去。

法制是维护社会稳定的重要手段。维护社会稳定是"文化大革命"结束之后中国社会建设的当务之急。当然，维护社会稳定也有多种方式，如思想政治工作、舆论宣传、学校教育，甚至动用军事力量也可以起到改变混乱状态的作用。但是，邓小平注重运用法制手段来维护社会稳定。特别是针对改革开放初期，"四人帮"残余势力和一大批打砸抢分子、杀人犯、流氓犯罪分子还在继续危害社会，资产阶级自由化和无政府主义思潮泛滥，严重影响改革开放的顺利进行，邓小平强调，必须对一切反社会主义的分子继续实行专政，否则，社会主义建设事业不可能进行下去②，"为了保证安定团结，建议国家机关通过适当的法律法令"③。此外，邓小平还主张在防止阶级斗争扩大化的运动中也要运用法律武器。"进行这种斗争，不能采取过去搞政治运动的办法，而要遵循社会主义法制的原则。"④ 运用法制手段来管理社会是中共与世界法治治理模式接轨的有益尝试，也标志着中国政治文明向前迈进了一大步。

经济建设与民主法制同步抓。经济建设和民主法制建设是社会主义现代化建设相辅相成、不可偏废的两个主要内容。邓小平在 1986 年 1 月召开的政治局常委会上提出："搞四个现代化一定要有两手，只有一手是不行的。所谓两手，即一手抓建设，一手抓法制。"⑤ 后来，随着改革开放的逐步深入，经济犯罪现象有所回潮，腐败问题大量出现，针对这些问题，邓小平及时补充了这一思想，将改革开放和惩治腐败并列起来一起抓。"没有打击经济犯罪活动这一手，不但对外开放政策肯定要失败，对内搞活经济的政策也肯定要失败。"⑥ 在 1992 年"南方谈话"中，邓小平

---

① 《邓小平文选》（第二卷），人民出版社 1994 年版，第 252 页。
② 参见《邓小平文选》（第二卷），人民出版社 1994 年版，第 169 页。
③ 《邓小平文选》（第二卷），人民出版社 1994 年版，第 371 页。
④ 同上。
⑤ 《邓小平文选》（第三卷），人民出版社 1993 年版，第 154 页。
⑥ 《邓小平文选》（第二卷），人民出版社 1994 年版，第 404 页。

再次强调："要坚持两手抓，一手抓改革开放，一手抓打击各种犯罪活动。这两只手都要硬。"①"两手抓，两手都要硬"的思想突出强调了法制建设对国家各项建设的重要保障作用，从而正式确立了法制建设在国家建设事业总体布局中的崇高地位。

（三）党必须在宪法和法律的范围内活动

改善党的领导，树立法律权威。如何处理党的领导与法律权威之间的关系，是一党执政的社会主义国家必须解决的理论和现实难题。"文革"期间，法律的权威消失殆尽，究其根本原因在于执政党自身不遵守法律，甚至带头破坏法律。历史告诉我们，如果执政党不讲法制，立法的领导者不守法，法律的权威是无论如何也树立不起来的，这样的国家最终也会走向专制和独裁。社会主义国家要实现法律权威与坚持党的领导有机统一，就必须坚定不移地改革和完善党的领导，将党的活动置于宪法和法律之下。1980 年 1 月，邓小平在《目前的形势和任务》一文中第一次明确提出了改善党的领导的问题，并指出，"如果这个问题解决得不好，可能损害党的领导，削弱党的领导，而不是加强党的领导。"② 自此，这一决定中国命运的关键问题被中国共产党自觉提上了议事日程。处理好党的领导与法制的关系，摆正执政党与国家机关的位置，划分好彼此的权力界限，从根本上树立法律权威成为政治体制改革的重点内容。

确立法律面前人人平等的法制原则。漫长的封建历史使一些专制特权思想在中国遗毒深远，再加上苏联高度集权体制对新中国的影响，长期以来，国内存在以言代法、以权代法、特权横行的现象。对于新生的社会主义国家来说，反对特权思想是一个不得不认真严肃对待的重大问题。邓小平深入分析了专制、特权思想形成的原因，认为"权力过分集中的现象，就是在加强党的一元化领导的口号下，不适当地、不加分析地把一切权力集中于党委，党委的权力又往往集中于几个书记，特别是集中于第一书记，什么事都要第一书记挂帅、拍板。党的一元化领导，往往因此而变成了个人领导"。③ 并指出特权的本质是享有"政治上经济上在法律和制度

---

① 《邓小平文选》（第三卷），人民出版社 1993 年版，第 378 页。
② 《邓小平文选》（第二卷），人民出版社 1994 年版，第 270 页。
③ 同上书，第 328—329 页。

之外的权利"，并指出加强制度建设是克服特权现象的根本途径。① 加强制度建设，保障公民在法律面前一律平等的权利，保障执政党党员在党章、党纪面前一律平等的权利，并通过严格执行这些制度和规定使封建特权逐步退出历史舞台。

规范执政党行为，确立执政党必须在宪法和法律范围内活动的原则。中共十一届六中全会决议首次正式提出，"党的各级组织同其他社会组织一样，都必须在宪法和法律的范围内活动。"② 紧接着，这一要求被载入了中国共产党党章。1982 年 11 月 22 日，彭真谈宪法的宣传问题时强调："党领导人民制定宪法，也要领导人民执行宪法。是人治还是法制？要变人治为法制。宪法中的语言避免了党的语言。这是党和宪法的关系。这是建国以来历史教训的总结……要强调所有共产党员真正成为遵守宪法的模范，从中央到基层，每个党员都要守法。"③ 1986 年 4 月 5 日，彭真对党与法的关系作了系统、完整的总结："党领导人民制定宪法和法律，党又领导人民遵守、执行宪法和法律，党自己也必须在宪法和法律的范围内活动。"④ 这一概括成为中共历代中央领导集体认识和处理党与法关系的基本原则。

二　阐明中国特色社会主义法制建设的基本问题

以邓小平为核心的中共第二代中央领导集体从中国基本国情出发，高屋建瓴地回答和解决了新时期中国法制建设的基本理论和实践问题，特别是对中国法制建设的基本任务、最高目标、指导思想、基本方针、建设路径等一系列问题进行了重点阐述，从理论上为中国特色社会主义法制建设提供了基本依据。

（一）明确新时期中国法制建设的首要任务是解放和发展生产力

从根本上讲，社会主义现代化建设最重要的任务是要解决原有经济体制和经济运行中的深层次矛盾，进一步解放和发展生产力。法制建设是为

---

① 参见《邓小平文选》（第二卷），人民出版社 1994 年版，第 332 页。

② 《三中全会以来重要文献选编》（下），中央文献出版社 2011 年版，第 172 页。

③ 《彭真年谱》（第五卷），中央文献出版社 2012 年版，第 163—164 页。

④ 同上书，第 360 页。

现代化建设服务的，它的工作重心也必须随着国家工作重心的转移而转移。以确保社会主义现代化建设的顺利进行为目标，以解放和发展生产力为首要任务是新时期法制建设的重心。改革开放 30 多年的实践也表明，只有真正将经济建设作为国家法制建设的中心，将解放和发展生产力作为国家法制建设的首要任务，才能最终实现社会主义现代化的宏伟目标。中共十一届三中全会之后，全国人大及其常委会迅速将制定调整经济关系的法律作为重要任务提上了日程，仅 1980 年至 1989 年间就制定和通过了民商法 11 件，其中调整经济关系的有 9 件，制定和通过了经济法 16 件①，占当时法律总量的 1/3。有关经济关系的立法数量大大增加，反映了全党全国"以经济建设为中心"的指导思想。

（二）将四项基本原则确立为国家法制建设的根本指导思想

中国搞社会主义必须坚持四项基本原则，即：坚持社会主义道路，坚持无产阶级专政，坚持党的领导，坚持马列主义、毛泽东思想。邓小平早在 1979 年就明确指出，坚持四项基本原则是实现四个现代化的根本前提。② 由此初步确立了四项基本原则的指导地位。之后，1982 年通过的《中华人民共和国宪法》正式将四项基本原则以根本大法的形式确定了下来，四项基本原则的地位和作用越来越重要。1987 年中共十三大又将坚持四项基本原则作为重要内容写进了"党在社会主义初级阶段的基本路线"之中，使坚持一个中心、两个基本点（以经济建设为中心，坚持四项基本原则，坚持改革开放）成为一个整体。1992 年中共十四大将四项基本原则载入党章，正式肯定了四项基本原则是中国的立国之本，是中国特色社会主义现代化建设最根本的指导思想。法制建设同样必须以四项基本原则为指导。"'四个坚持'是宪法总的指导思想，必须理直气壮、旗帜鲜明地写上。"③ 将四项基本原则作为基本价值取向，坚决彻底地贯彻到从立法规划、法律制定到法律修改、废除的立法实践中，是中国特色社会主义法制思想根本特征所在。

---

① 参见朱景文、韩大元主编《中国特色社会主义法律体系研究报告》（中国人民大学出版社 2010 年版，第 62 页），书中详细列举了 1980 年至 1989 年间颁布的各类具体法律及在立法总量中所占的比例。

② 参见《邓小平文选》（第二卷），人民出版社 1994 年版，第 164 页。

③ 《彭真年谱》（第五卷），中央文献出版社 2012 年版，第 123 页。

（三） 确立了新时期中国法制建设的基本方针

改革开放初期，邓小平针对中国法律制度很不完备及"文化大革命"期间"无法无天"的混乱状况，提出了"有法可依，有法必依，执法必严，违法必究"① 的方针。从而系统、完整地概括了中国法制建设的基本要求，搭建起了社会主义法制建设的基本框架，明确了未来法制建设需要完成的基本任务。

有法可依是指要根据客观实际需要，适时制定反映广大人民共同意志和利益的、有利于确认和保护社会主义建设中各种社会关系和社会秩序的法律和其他规范性法律文件。立法在整个法制建设中具有重要作用，是法制建设的前提和基础。

有法必依要求包括武装力量和执政党在内的全部社会主体都必须严格遵守法律，认真执行法律的规定。"有法必依"体现了普遍的守法原则，是社会主义法制建设的关键所在。

执法必严是指执法主体必须严格依照法律设定的权限和程序行使职权，自觉维护法律的权威。"执法必严"体现和反映的是法律的适用原则，是社会主义法制实现的重要条件，通常被当作法制建设的中心环节。

违法必究指任何社会主体只要违反法律，都应毫无例外地受到法律的追究，承担相应的法律责任，承受适当的法律制裁。"违法必究"是实现法制的有力保证，也是"有法必依""执法必严"的必然延伸。

上述四个方面既各有侧重又相互联系的具体要求共同构成了中国特色社会主义法制建设必须遵循的基本方针。

（四）探索中国法制建设的基本路径，即有步骤、有领导，立足本国实际、借鉴世界经验的路子

同任何其它事物一样，法制建设也有其自身发展变化的基本规律。中国特色社会主义法制建设除了需要遵循法制建设的普遍规律之外，还要考虑自身的特殊性。这些特殊性至少体现在两个方面，一是中国特色社会主义法制建设是人类制度建设史上一个全新的事物，没有先例可循，只能在实践中不断地摸索；二是新中国在探索民主法制建设中取得的成就和经历的挫折为中国特色社会主义法制建设提供了重要的历史经验。这两个因素

---

① 《邓小平文选》（第二卷），人民出版社 1994 年版，第 147 页。

在很大程度上决定了中国特色社会主义法制建设道路的选择。"实现民主和法制，同实现四个现代化一样，不能用大跃进的做法，不能用'大鸣大放'的做法。就是说，一定要有步骤，有领导。"① 同时，这两个因素还决定了中国在立法工作中必须坚持由粗到细、边制定边修改、边补充边完善，在保持较快立法速度的前提下，提高立法质量，对一些不成熟的法规可以由地方先行试验等。这实际上找到了走一条"摸着石头过河"的法制建设新路子。同时，借鉴世界经验在社会主义法制建设中的作用也不可忽视。"对外国的经验，我们要研究、借鉴，从中汲取对我们有用和有益的东西。但是，最根本的是依靠我们自己的实践，总结我们自己的经验。"②

（五）强调中国特色社会主义法制建设的根本问题在于教育人

现代法治社会是以公民的法律意识为重要思想基础的。建立社会主义法治国家必然要求提高全体公民的法律意识，增强全体公民遵守和维护社会主义法制的自觉性。邓小平主张在全体公民中普遍开展法制教育，提高全体公民的法律意识和法律知识水平。③ 为了贯彻落实这一精神，中国除了开展经常性的一般法制宣传教育外，从1986年开始，先后在全国范围内有领导、有计划、有步骤地进行普及社会主义法律知识的教育活动。但由于中国是一个受封建思想影响比较严重的国家，既缺少民主意识又缺少法制观念，特别是封建特权等级思想，重视权力轻视法纪思想在一定范围内还广泛存在，提高公民法律意识的任务异常艰巨。因此，邓小平进一步要求培养法律意识必须从培养学生、工人、战士及工作人员的纪律意识抓起。④ 此外，他还多次强调要注重党员领导干部法律素质的培养和提高，并将其作为法制建设的重要内容来部署。

（六）确立中国特色社会主义法制的主要功能，即除了要规范和调整经济社会关系之外，还要同各种违法犯罪现象作斗争

改革开放以来，各种违法犯罪现象，特别是严重的经济犯罪和刑事犯

---

① 《邓小平文选》（第二卷），人民出版社1994年版，第257页。
② 《彭真年谱》（第五卷），中央文献出版社2012年版，第272页。
③ 参见《邓小平文选》（第三卷），人民出版社1993年版，第163页。
④ 参见《邓小平文选》（第二卷），人民出版社1994年版，第360页。

罪明显增多，犯罪案件一直在上升，重大犯罪案件的上升幅度较大。针对这种情况，邓小平在1980年12月25日召开的中央工作会议上尖锐地指出："杀人放火、制造爆炸、抢劫偷窃、强奸轮奸等各种恶性案件的发生，走私漏税、投机倒把、行贿受贿、贪赃枉法等犯罪活动的滋长泛滥，泄露和出卖国家机密、违反规定滥发奖金、抬高物价、扰乱市场等严重违法乱纪行为的不断出现，对这一切现象，我们决不能掉以轻心。"[1] 他强调必须发挥法制在打击经济犯罪、刑事犯罪中的重要作用，并要求将打击经济犯罪活动看作是伴随四个现代化建设的一个长期的、经常的工作。针对刑事案件、恶性案件大幅度增加，邓小平于1983年7月19日专门作了《严厉打击刑事犯罪活动》的讲话，主张对严重刑事犯罪分子，必须给予严厉的法律制裁。甚至可以在每个大中城市组织几次严厉打击刑事犯罪活动的战役。[2]

（七）提出了中国特色社会主义法制建设中"一国两法"的问题

为了实现国家和平统一，邓小平创造性地提出了用"一国两制"的方针来解决台湾、香港、澳门问题。"一国两制"构想是邓小平建设有中国特色社会主义理论的有机构成。这一构想在法制建设上集中体现为中国法律制度形成了"一国两法"的格局。即两种不同性质、不同法系的法律将长期共存、相互影响。[3] "一国"指中华人民共和国，立法权仍然由最高立法机关——全国人民代表大会享有。"两法"指大陆实行社会主义性质的法律，港、澳、台则实行资本主义性质的法律。为了顺利恢复对香港行使主权，中国早在1985年就组成了香港特别行政区基本法起草委员会，专门负责基本法的起草工作。当1990年2月香港特别行政区基本法起草工作完成之后，邓小平高兴地称它是"一部具有历史意义和国际意义的法律"[4]。1990年4月4日，《中华人民共和国香港特别行政区基本法》正式颁布，标志着中华人民共和国对香港恢复行使主权有了基本法律依据，"一国两制"方针在港实施有了根本法制保障。实践证明，"一

---

① 《邓小平文选》（第二卷），人民出版社1994年版，第370页。

② 参见《邓小平文选》（第三卷），人民出版社1993年版，第33页。

③ 参见张瑞生、杨玉梅、曹玲莹《邓小平法制思想研究》，西安出版社1995年版，第182页。

④ 《邓小平文选》（第三卷），人民出版社1993年版，第352页。

国两法"的构建和实施，是中国共产党创造性地解决中国法制建设实际问题的典范，是对马克思主义法律学说的新发展。

三 初步提出构建中国特色社会主义法律体系的设想

2011 年 10 月，中华人民共和国国务院新闻办公室颁布了《中国特色社会主义法律体系》白皮书，该书指出，"形成中国特色社会主义法律体系，保证国家和社会生活各方面有法可依，是全面落实依法治国基本方略的前提和基础，是中国发展进步的制度保障。"① 中国特色社会主义法律体系的形成，总体上解决了中国无法可依的问题，而构建中国特色社会主义法律体系的初步设想正是起始于改革开放后的法制建设。

（一）"中国特色社会主义法律体系"一词的提出

认识并准确把握"法的体系"的发展规律是中国特色社会主义法律体系概念提出的思想理论基础。"在人类社会历史上，法律一旦产生，便逐渐形成了自己的体系，并且追求更多的独立性。"② 基于对"法的体系"的独立性特征的认识，中共进而提出社会主义中国的"法的体系"也应该具有自己的特征。1986 年 7 月 10 日，中共首次提出，"建设具有中国特色的社会主义法制，是我党的一项伟大历史任务。"③ 这一思想在社会主义制度建设史上是一个创新，标志着中共对社会主义法制建设的认识提高到了新的水平。在此基础上，中共正式提出了"中国特色社会主义法律体系"这一概念。"最近几年，全国人大和全国人大常委会按照民主集中制的原则，集体行使权力，集体决定问题，做了大量工作，包括立了许多法。具有中国特色的社会主义法律体系正在形成。"④ "中国特色社会主义法律体系"一词首次出现在中共领导人的讲话中，尽管这一概念在当时没有被详细解释，也没有用正式文件将其确定下来，但作为中共领导新时期法制建设的思想则是逐步被认同并不断向前发展的。

（二）初步规划了中国特色社会主义法律体系的结构

中华人民共和国国务院新闻办公室颁布的《中国特色社会主义法律

---

① 《中国特色社会主义法律体系》白皮书，人民出版社 2011 年版，第 1 页。
② 彭真：《论新中国的政法工作》，中央文献出版社 1992 年版，第 297 页。
③ 《十二大以来重要文献选编》（下），中央文献出版社 2011 年版，第 23 页。
④ 《彭真文选》（一九四一——一九九〇年），人民出版社 1991 年版，第 579 页。

体系》白皮书明确指出中国特色社会主义法律体系由纵横交错的七个法律部门、四个法律层级共同构成。因此，人们通常从横向和纵向两个角度来分析中国特色社会主义法律体系的基本架构。但对这一结构的初步规划和设计起源于改革开放后的法制建设实践。"应该集中力量制定刑法、民法、诉讼法和其他各种必要的法律，例如工厂法、人民公社法、森林法、草原法、环境保护法、劳动法、外国人投资法等"①，邓小平这一讲话实际上已经明确提出了国家立法机关今后迫切需要补充和完善的基本法律部门即刑法、民法、诉讼法、社会法、经济法。在改革逐步向前推进的时候，国家又根据变化了的实际情况及时修订了宪法。如1980年宪法修正案和1982年《宪法》的通过，对全面清理"文化大革命"的历史错误，恢复国家正常秩序，并根据新情况适时制定正确的方针和政策起到了根本性的规范作用，标志着中国社会主义法制建设进入了一个新的阶段。此外，1979年通过的《刑法》《刑事诉讼法》《中外合资经营企业法》，1980年制定的《婚姻法》、1981年制定的《经济合同法》、1986年制定的《民法通则》、1982年制定的《民事诉讼法（试行）》、1989年制定的《行政诉讼法》都是改革开放初期中国法律体系建设的重要成果。宪法和这些基本法律为新时期中国法制建设及中国特色社会主义法律体系的形成奠定了坚实的基础。

此外，在中国法制建设中，还形成了两种特殊的立法形式，即行政法规和地方性法规。它们的产生和形成有着特殊的历史原因。就行政法规的产生来看，中共十一届三中全会之后，国家各个领域都处在改革、调整和变化之中，尽管国家要求加快立法速度，但真正实施起来却困难重重。一方面，由于社会关系的不稳定，制定法律本身就是比较困难的事情。另一方面，匆忙出台法律，常常朝令夕改，又不符合法律稳定性的要求，这使得社会主义法制建设因此陷入了两难的困境。"法要有稳定性，不是说不能改，立法也必须坚持真理，随时修正错误，但总不能今天立了法明天就改。"② 为了解决改革的变动性与法律稳定性之间的矛盾，第六届全国人民代表大会第三次会议通过了允许国务院制定暂行规定或条例的决定，但

---

① 《邓小平文选》（第二卷），人民出版社1994年版，第146页。

② 彭真：《论新中国的政法工作》，中央文献出版社1992年版，第298页。

要求国务院制定的暂行规定或条例不能同国家的宪法、法律及国家立法机关的有关决定相抵触，并且还要求这些暂行规定或条例须报全国人大常委会备案方能生效。可见，国务院制定的暂行规定或条例是为了适应不断变化的实际情况而采取的权宜之计，如果这些规定经过实践检验已经成熟，便可以上升成为国家法律。

地方性法规的形成也有特殊的原因。彭真在《关于地方人大常委会的工作》一文中明确指出，制定、颁布地方性法规是地方人大常委会的首要任务和职权。这是一项很大的权力，过去没有。过去立法权集中在中央，后来感觉到都集中在中央也集中不了。我们国家大人口多，有些省的人口和一些中等的国家差不多，有的省人口近一亿。各省、自治区、直辖市又都有其特殊的情况。① 因此，第五届全国人民代表大会第二次会议通过了专门的法律，授予省、自治区、直辖市人民代表大会和它的常委会制定和颁布地方性法规的权力，前提是与国家宪法、法律、政策、法令、政令不抵触。

（三）初步确立了中国特色社会主义法律体系的立法原则

第一，立法要坚持社会主义原则。一个国家法律体系的本质，是由这个国家实行的社会制度的本质所决定的。人民民主专政的社会主义国家这一根本属性决定了中国法律体系的性质必然是社会主义的法律体系。为了确保国家性质的稳定，在立法中将社会主义作为根本原则也就成为一种必然、必须。换言之，社会主义的立法原则要求，国家制定的所有法律规范、确立的各种法律制度都必须服务于社会主义制度，必须有利于巩固和发展社会主义制度，必须充分反映人民的共同意志，并将维护人民根本利益、保障人民当家作主作为根本出发点。彭真指出："中国要搞社会主义，坚持社会主义，宪法中要肯定这一点"；"立法要站在党的立场，就是九亿人民的立场，不能站在派的立场……我们的法律就是要坚持社会主义制度，保护社会主义的经济基础，包括全民所有制和劳动群众集体所有制"。②

第二，立法要从实际出发的原则。立法是用法律的形式解决实际生活中存在的问题，社会生活的具体实际是立法的根本依据。中国的法律体系

---

① 参见《彭真文选》（一九四一——一九九〇年），人民出版社 1991 年版，第 386 页。

② 《彭真年谱》（第五卷），中央文献出版社 2012 年版，第 26—27 页。

之所以具有中国特色，就是因为这一法律体系的构建是从改革开放以来中国经济社会发展的具体实践出发，同时又与中国传统文化、具体国情和发展道路相结合的结果。"立法时要吸收古今中外对我们有用的好经验，要解放思想，百家争鸣，但必须从中国的实际出发，根据我国的实践经验。"① 将这一原则贯穿到具体的立法实践中，就要求立法者有计划有步骤地进行立法工作，做到既积极又慎重，既保持法律的严肃性和稳定性，又适应实际的需要和可能。同时，还要注重分析各种典型案例，及时把握政策执行情况，总结被实践证明已经成功的经验，将其固定下来，并上升到法律层面。

第三，提出立法要走群众路线的原则。群众路线是中国共产党在长期的革命斗争中形成的根本工作路线。它既包含了为群众服务的观念和态度，也包含了依靠群众解决问题的工作方法。立法要走群众路线的原则是中国共产党将群众路线运用到立法活动中的具体表现，也是中国民主立法原则的早期表现形式。邓小平曾在 1985 年就建议全国人大"应该搞一个立法咨询机构，吸收全国各方面的专家、教授、学生参加立法工作"②。同年，彭真在省、自治区、直辖市人大常委会负责同志座谈会上总结立法工作时强调："中国有句老话，说要多谋善断、集思广益。我们说要走群众路线。"③ 这一原则既包含了立法要从全国各族人民共同利益出发，而不是从个别人或部分人的私利出发的理念，也包含了在立法过程中要广泛听取群众意见、深入开展调查研究的工作要求。正如彭真所讲，"全国人大也好，全国人大常委会也好，无论立法，无论决定重大问题，都是尽可能地充分发扬民主，群策群力，集思广益。"④

第三节　奠基时期的中国特色社会主义法制思想对中国特色社会主义法学理论的历史贡献

奠基时期的中国特色社会主义法制思想对中国特色社会主义法学理论

① 《彭真文选》（一九四一——一九九〇年），人民出版社 1991 年版，第 402—403 页。
② 《邓小平年谱（一九七五——一九九七）》（下），中央文献出版社 2004 年版，第 1055 页。
③ 《彭真文选》（一九四一——一九九〇年），人民出版社 1991 年版，第 507 页。
④ 同上书，第 613 页。

的贡献是多方面的，从不同的角度可以作出不同的概括，本书主要梳理、概括和总结了它对法学基础理论发展所作的历史贡献。

一　解决了人治与法治的关系

人治与法治的关系问题是新时期中国开展社会主义建设中不容回避的现实问题，中共十一届三中全会之前这一问题并没有得到充分的认识和正确的处理。邓小平最早在总结国内外历史经验教训的基础上深刻分析了人治的危害性，并指出要通过深化体制改革解决这一问题。[①] 首先，在吸取大搞群众运动教训的基础上，他主张运用法制的方式开展对敌斗争，彻底摒弃群众运动方式，并不断提高全体党员使用法律武器与反动势力作斗争的能力。其次，他提出了民主须制度化、法律化的观点。由于中国的民主制度还很不完善，国家的民主生活、民主运行机制、运行程序以及公民的民主权利都没有相应的法律保障，国家必须抓紧制定一批能够满足社会需要的法律、法令和条例。最后，邓小平还要求必须改革党和国家领导制度。由于官僚主义、权力过分集中、家长制等问题从本质上来看就是封建人治思想的反映，因此必须对其进行坚决彻底地改革，只有这样，才能建立起人民对中国共产党和中国社会主义制度的信任。据此，国家决定修改宪法，从根本上保障公民权利；决定设立党的纪律检查委员会，加强对党员领导干部的监督；决定设立中央顾问委员会，促进干部年轻化；决定建立从国务院到地方各级政府自上而下的强有力的工作系统；决定逐步改善党委对社会各个领域的领导，在企事业单位普遍建立职工代表大会，建立集体领导和个人分工负责相结合的党委工作制度；决定废除干部领导职务终身制，建立离退休制度，等等。这些改革措施为中国革除人治积弊，走向法治新政奠定了基础。

二　厘清了民主与法制的关系

民主和法制是近代以来任何国家、任何政党都必须面对的重大课题，共产党执政的社会主义国家也不例外。但由于社会主义国家普遍起步较晚，对这一问题的思考也不深入，因此，这一问题在共产党执政的社会主

---

① 参见《邓小平文选》（第三卷），人民出版社 1993 年版，第 177 页。

义国家一直没有得到很好的解决。作为中国共产党领导人的邓小平对这一问题进行了深入思考。首先，邓小平认为民主与法制密切联系、不可分割。"发扬社会主义民主，健全社会主义法制，两方面是统一的。"① "不要社会主义法制的民主，不要党的领导的民主，不要纪律和秩序的民主，决不是社会主义民主。"② 这一认识告诉我们，摒弃民主的法制和摒弃法制的民主都是人治的体现，都与社会主义的本质格格不入。其次，邓小平提出民主权利的行使必须依法进行。早在 1980 年 12 月中共中央工作会议上他就指出，"对一切无纪律、无政府、违反法制的现象，都必须坚决反对和纠正。"③ 为了保障人民的民主权利依法有组织有秩序地行使，1989 年 10 月国家通过了《集会游行示威法》，这部法律对于保证公民自由权利的行使，巩固安定团结的政治局面具有重要意义。再次，邓小平提出了中国建设社会主义民主法制的基本途径。民主与法制同属于上层建筑，它们的发展状况是由经济基础决定的，同时受其它各种社会因素的制约和影响。因此，建设民主和法制也要循序渐进、"有步骤、有领导"，不能超越经济基础和历史条件。邓小平对民主与法制实现途径的分析，一方面使我们能更清醒地认识民主与法制的辩证关系，另一方面也给建设具有中国特色的社会主义民主法制指出了具体可行的路径，从而为新时期中国加强民主法制建设奠定了思想基础。

三　回答了党的领导与法制的关系

在社会主义国家，执政的共产党都面临一个共同的问题，即如何处理党的领导与宪法和法律之间的关系。这个问题也是国际共产主义运动在理论和实践中一直都没有解决好的难题。"文化大革命"的教训已经明确告诉我们，执政的共产党尤其是共产党的领导人不能凌驾于国法之上，否则，国家的宪法和法律不宣而废。中共第二代领导集体亲历了"文化大革命"，对这一教训认识非常深刻，邓小平提出了用宪法和法律规范执政党活动的根本要求。首先，要求必须抓紧制定法律，为党在宪法和法律范

① 《邓小平文选》（第二卷），人民出版社 1994 年版，第 276 页。
② 同上书，第 359 页。
③ 同上书，第 360 页。

围内活动提供基本前提和基本依据。邓小平说："现在的问题是法律很不完备，很多法律还没有制定出来。往往把领导人说的话当作'法'，不赞成领导说的话就叫作'违法'，领导人的话改变了，'法'也就跟着改变。"① 可见，没有法律就没有依法办事的基本依据，党在宪法和法律范围内活动就失去了基本前提。其次，改革党和国家领导体制，把解决"制度问题"当作最根本、最有效的手段来抓。一方面通过制度建设来消除个人迷信、家长制和权力过分集中的现象，他甚至明确表示："关于不允许权力过分集中的原则，也将在宪法上表现出来。"② 另一方面通过确立"法律面前人人平等"的原则，消除一切形式的特权。最后，要求全体党员干部要树立法制观念，掌握法律武器，并严格依法办事。

四　化解了"一国"条件下不同法统间不相容的难题

社会主义法与资本主义法这两种性质根本不同的法系如何在一个国家并存是人类历史上从未遇到过的难题，无论在资本主义国家还是在社会主义国家都没有先例可遵循。马克思主义经典作家们也从来没有考虑过在一个已经建立起社会主义制度的国家里保留一部分资本主义制度的问题，但这并不意味着这种想法没有现实可行性。马克思主义理论是一个开放的、不断发展的理论体系，它为人们提供的是思考问题的基本原则和基本方法，而不是现成的答案，要找到解决问题的答案还必须结合变化的实际来进一步探索。解决社会主义法与资本主义法在一个国家并存的问题，不仅得从政治学、马克思主义理论等角度着手思考，而且需要从宪法学、法理学等领域来开展研究。邓小平"一国两制"的创造性构想为正确解决这一难题提供了基本指导思想。尽管这一想法实行起来不一定没有困难和风险，毕竟它是一个在中外法制史上都从未出现过的新事物。但这并不妨碍"一国两制"作为一种权宜之计被选择的必然性。香港特别行政区基本法和澳门特别行政区基本法的通过实现了将"一国两制"构想由理论向现实的转变。然而，只有特别行政区基本法在实践中最终取得成功，才是"一国两制"构想真正意义上的实现。从香港、澳门实施《基本法》近

---

① 《邓小平文选》（第二卷），人民出版社 1994 年版，第 146 页。
② 同上书，第 339 页。

20 年的实践看，"一国两制"的构想既是科学的，又是现实可行的。"一国两制"是马克思主义法学与国家学说在当代中国的新发展，它不仅丰富了社会主义的法学理论，也建构了国家制度的新模式，是中国人民对人类社会的一项重大贡献。

五　明确了社会主义制度下法的本质

在学习和借鉴苏联法的过程中，中国深受苏联法律观的影响，一度把阶级性当作法的本质看待，从阶级的角度出发、用阶级的眼光观察、认识和评价法律现象成为唯一视角，并发展成为一种思维定式。不仅是国家领导人和普通民众，即便是法学家也无不围绕着阶级性这个主线来收集资料、分析问题，法律乃至法学都成了阶级斗争学。尤其是 20 世纪 60 年代，中共党内乃至整个中国法学界都将阶级性当作法的唯一本质，把法的功能仅仅理解为是阶级斗争工具，体现为对敌专政、实施镇压。随着全国范围内"拨乱反正"工作的逐步推进，中共党内及法学界都围绕法的本质展开了深刻的反思和激烈的争论。邓小平指出，"国家和企业、企业和企业、企业和个人等之间的关系，也要用法律的形式来确定；它们之间的矛盾，也有不少要通过法律来解决。"① 这一论述实际上解答了法是具有社会规范功能的，它可以调节不同法律主体间的经济关系。而且除了可以规范不同主体之间的经济关系之外，还可以规范不同主体间的社会关系、政治关系等等。当然，他也没有忽视法律打击犯罪活动的功能，并认为即便是在社会主义建设时期，法的阶级专政功能也还是有必要存在的。可见，法是阶级性和社会性的统一，它的本质是多层次、多方面的。反映统治阶级的阶级意志仅仅是法的初级本质，而不是全部。在社会主义条件下，法是阶级统治的工具，也是社会管理的手段。中共十一届三中全会后中国共产党对法的本质的深刻认识，实现了社会主义法观念的更新，为中国法制建设清除了思想理论障碍，进一步丰富和发展了马克思主义法律观，也使得国家法制建设和法学研究开始走上了独立发展的道路。

总之，以邓小平为核心的中共第二代中央领导集体在深刻反思"文化大革命"沉痛教训的基础上，从重新认识社会主义法的本质入手，科

---

① 《邓小平文选》（第二卷），人民出版社 1994 年版，第 147 页。

学思考并逐步解决了民主与法制、人治与法治、党的领导与法制、经济建设与法制等关系社会主义国家前途和命运的重大问题，形成了比较系统的方法论和理论认知。在此基础上，他们为中国特色社会主义法制建设量身设计了一条正确而又切实可行的发展道路。这一时期的法制思想为中国特色社会主义法制思想理论体系的最终形成，作出了创造性的独特贡献。从理论形态上看，它继承了马克思主义法制思想的理论精髓，建立起了当代中国法制思想理论体系的基本框架。从方法论角度看，它发展了马克思主义的思想方法，创造出了立足本国、兼容并蓄的法制思想方法，为中国特色社会主义法制思想理论体系继续向前发展起到了奠基性的作用。奠基时期的中国特色社会主义法制思想是马克思主义法制思想中国化的理论成果，也是中国法制建设理论和实践在新的时代条件下走向独立发展的起始阶段。

第三章

中国特色社会主义法制思想的
初步发展（1992—2002）

中国特色社会主义法制思想经过奠基时期的理论积淀，于1992年开始进入新的发展阶段。以江泽民为核心的中共第三代中央领导集体紧紧抓住冷战结束后世界朝多极化方向发展的重要战略机遇期，围绕解放和发展生产力这一根本任务，不断推进中国法制建设走向现代化。在加快建立社会主义市场经济体制与进一步扩大对外开放的过程中，提出了一系列对中国法制建设具有指导意义的重要观点和思想，为中国法制建设成功走向新世纪指明了方向。这一时期的法制思想突破了前人对"法制"认识的局限，将"依法治国"作为国家的基本方略，适时确立了构建中国特色社会主义法律体系的"时间表"和"路线图"，并着手推进依法行政，改革完善司法制度，加大公民权利保障力度，基本形成以"党的领导、人民当家作主和依法治国有机统一""依法治国与以德治国紧密结合""依法治国与依法执政相统一"为主要特征的中国特色社会主义法治建设道路。以江泽民为核心的中共第三代中央领导集体的法制思想不仅为中国法制建设顺利实现向法治建设转变提供了理论前提，而且为中国法治建设理论的进一步成熟打下了坚实的基础，从而使中国特色社会主义法学理论在新的时代条件下得到了发展和创新。

第一节　中国特色社会主义法制思想
初步发展时期的背景分析

以邓小平"南方谈话"和中共十四大召开为标志，中国特色社会主义法制思想变革的步伐和理论更新的频率空前加快，这些变化集中体现为中共十五大正式确立了依法治国的基本方略。该方略是初步发展时期中国特色社会主义法制思想的核心和主题，国家制定的所有关于法制建设的理论、方针和政策都是围绕这一主题展开的。依法治国理论是中国特色社会主义法制建设成功走向 21 世纪的理论基础和指导思想，它的提出有着重要的国际、国内背景。

一　中国特色社会主义法制思想初步发展时期的国际背景

（一）世界政治格局多极化趋势为中国特色社会主义法制思想初步发展提供了新的契机

冷战结束后，世界格局多极化趋势加速发展，出现了美国一个超级大国和几大力量相互竞争、相互制衡的新局面。在当时和此后一个相当长的时期内，美国仍在世界政治、经济、科技和军事等方面保持明显优势，欧盟、俄罗斯、日本分别在经济、军事和科技等方面拥有相当的实力。"新格局的形成将是长期的、复杂的过程。在今后一个较长时期内，争取和平的国际环境，避免新的世界大战，是有可能的。"① 多极化趋势的发展，一方面可以避免世界上再次爆发大的战争，另一方面也使维护世界和平、安全和稳定的因素迅速增长，包括中国在内的广大发展中国家迎来了前所未有的发展机遇和广阔的活动空间。在这样一种新的国际形势下，中国正确估量自己的实力和地位，正确认识和处理国际关系中的各种矛盾，在加强同广大发展中国家关系的同时，妥善处理好与世界各个大国之间的关系，通过积极开展政治对话、经济合作和科技交流等方式增加彼此的依赖和信任，使新型大国关系得到进一步发展。中国在为维护世界和平、促进共同发展作出贡献的同时，也为本国发展争取到了和平、稳定的外部环境，从而为中国特色社会主义建设事业的顺利进行赢得了有利条件。因此，在维护和平，促进发展这一大的前提之下思考包括法制建设在内的中国特色社会主义现代化建设具有重要的战略意义。

---

① 《十四大以来重要文献选编》（上），中央文献出版社 2011 年版，第 30 页。

（二）经济全球化加速发展为中国特色社会主义法制思想注入了新的活力

经济全球化是冷战结束后世界经济发展的客观趋势，任何国家都无法回避。经过深入观察，江泽民对经济全球化作了全面、深刻的阐述。他强调，"（经济全球化）有利于促进资本、技术、知识等生产要素在全球范围内的优化配置……但也伴随着更快的技术创新、更短的产品寿命周期、更快捷的资本流动和更激烈的人才竞争。"[1] 可见，一方面，经济全球化为中国赶超发达国家，推进中国特色社会主义事业顺利前行带来了机遇；另一方面，经济全球化是由发达国家在国际经济旧秩序的规则体系下主导的，它的很多规则对发展中国家十分不利。中国只能审时度势，在积极参与国际竞争的同时，参与国际规则和标准的制定，为建立新的国际经济秩序作出自己的努力。同时，这也促使我们必须不断完善本国相应的法律制度，为参与经济全球化做好充分的制度衔接准备。例如，在 1999 年 11 月 15 日中美关于中国加入世界贸易组织的双边谈判取得成功后，中国就迅速成立了"法律法规清理小组办公室"，开始对外经贸部及其他各部委的所有内部文件、部门规章、行政法规等进行清理。之后，又对各省内部的法规进行了清理。[2] 通过大规模的清理及随后的修改、补充完善，涉及中国外贸、外资、外汇、海关、商检、知识产权保护等方面的法律法规有了很大的进步与质的飞跃。原来带有浓厚计划色彩的、与世界贸易组织规定不符的外经贸制度都被改掉了，一整套全新的中国外经贸法律制度迅速建立，并基本上和国际标准接轨。站在今天的角度回望十几年前的历史，我们能够清楚地看到，经济全球化极大地促进了中国法律制度的完善。中国很多法律和行政法规制定得比以前更加详细和具体，程序规则开始受到重视，法律的覆盖面空前扩大，很多规则主动与国际标准对接，司法审查制度更加完善，国家空前重视法律人才的培养，政府也比以前任何时候都更加注重依法办事等，这些都是中国参与经济全球化过程中取得的制度成

---

[1]　江泽民：《在 2000 年亚太经合组织工商界领导人峰会午餐会上的演讲》，《人民日报》2000 年 11 月 16 日，第 01 版。

[2]　参见吕晓杰、韩立余、黄东黎、史晓丽、杨国华编《入世十年法治中国》，人民出版社2011 年版，第 7 页。

果。经济全球化为刚刚得到恢复和重建的中国法制带来了新的生机和活力，它是中国特色社会主义法制思想在新的时代条件下进一步发展的背景之一。

（三）知识经济时代的到来为中国特色社会主义法制思想向前发展提供了客观条件

自 20 世纪 90 年代以来，一场以知识和创新为主要特点的信息技术革命悄然而至，并且迅速影响和改变人们的生产生活。经济的发展越来越依靠知识的进步和技术的创新，人类开始跨入知识经济时代。1998 年 6 月 1日，江泽民在会见中国科学院和中国工程院院士时讲，"初见端倪的知识经济预示人类的经济社会生活将发生新的巨大变化。"① 在这样的形势下，世界各国综合国力的竞争越来越表现为以科技创新为主要表现方式的软实力的竞争。江泽民曾多次强调科技创新对中华民族和中国特色社会主义事业的重要性。他说，"要使科技进步和创新始终成为建设有中国特色社会主义事业的强大动力，成为中华民族屹立于世界先进民族之林的坚实基础"②。这一方面要求中国必须抓住新科技革命的大好机遇，大力推进国家科技进步和创新；另一方面也要求国家必须抓紧建设创新体系，推进科技体制改革，并对创新成果用法律手段加以保护。此外，随着信息技术和网络技术的迅速发展，社会各个领域的工作手段都发生了巨大变化，给国家信息安全带来很多新的问题，同时也对传统的社会舆论管控提出新的挑战。依法保障和促进信息网络健康发展的重要性空前凸显，加强和完善网络立法成为必然选择，完善信息网络方面的执法和司法体制迫在眉睫。制定相关禁止性、管理性法律规范，促进信息技术和信息产业健康发展、促进信息网络行业自律的法律法规，建立完善有效防止有害信息在网络上广泛传播的信息网络安全保障法律体系，制定实现政务公开和拓宽公民参政议政渠道的信息网络法律规范等都已然成为立法的主要内容。③ 可见，知识经济时代的到来，给中国法律制度的进一步发展和完善创造了客观条件，也为中国特色社会主义法制思想的发展创新提供了新的空间。

---

① 《江泽民文选》（第二卷），人民出版社 2006 年版，第 132 页。
② 《江泽民文选》（第三卷），人民出版社 2006 年版，第 262 页。
③ 参见《江泽民文选》（第三卷），人民出版社 2006 年版，第 302 页。

二　中国特色社会主义法制思想初步发展时期的国内背景

（一）社会主义市场经济体制改革的推进为中国特色社会主义法制思想初步发展奠定了经济基础

推进社会主义市场经济体制改革是中国发展商品经济、优化资源配置、融入全球化浪潮的需要。同时这一改革也给中国社会带来了翻天覆地的变化，包括所有制形式和分配方式的多元化，市场主体和市场体系的多元化，社会保障制度的逐步建立，政府职能和管理方式的转变，乃至政治体制的改革，等等。但所有这些变化都必须以法制的完善为基础。在确立市场经济体制改革目标的同时，中共中央就特别强调要"抓紧制定与完善保障改革开放、加强宏观经济管理、规范微观经济行为的法律和法规"①。市场经济是法制经济，它需要有法律的规范、指导和保障。

第一，市场主体的法律地位、权利义务等需要有相应的法律保障。市场主体是多元的、复杂的，既包括公民个人，也包括国有企业、集体所有制企业、个体企业、外资企业、合资企业及股份制企业在内的各种法人组织，要使这些市场主体在市场经济中进行公平竞争，就必须有确认其权利和义务，维护其合法权益，规范其设立、变更和终止的法律做基础。

第二，市场行为必须由相应的法律制度来规范。市场经济是通过市场行为完成的，承揽、借贷、买卖、租赁等活动都是市场行为的具体表现，如果这些行为不依法进行，市场就是杂乱无序的，市场经济也无法建立。

第三，市场主体之间发生的矛盾、纠纷必须用法律手段来调整。

第四，市场规则必须由法律来统一规定。保证市场的统一、开放、平等竞争对建立市场经济体制来说至关重要，只有用法律的形式把市场规则固定下来，才能保证各种经济活动公平有序进行。

第五，市场经济条件下，政府行为也必须由法律来规范。计划经济条件下，政府对市场干预过多，管得过细，严重影响了市场主体的积极性；市场经济条件下，政府的职能必须及时向统筹规划、信息引导、组织协调、提供服务和检查监督等方面转变。

可见，市场经济体制建设直接推动了中国法律制度和法律体系的发展

---

① 《十四大以来重要文献选编》（上），中央文献出版社2011年版，第25页。

和完善，它是中国法制建设继续向前发展的内在动力，也是中国特色社会主义法制思想继续向前发展的实践源泉。

（二）加入世界贸易组织，为中国特色社会主义法制思想的初步发展提供了外在动力

2001 年底中国正式加入世界贸易组织，是中国对外开放事业中的重大事件，它对新世纪中国经济发展和社会进步产生了重要而深远的影响。早在 20 世纪 80 年代中国就开始提出"复关"请求，经过 10 多年的精心准备和多次"复关""入世"谈判，才最终取得成功。加入世界贸易组织对中国经济更好地融入国际经济社会，更好地利用国际资源和国际市场的优化资源配置功能，更快地推进本国经济体制改革，大力引进外资和国外先进技术，扩大出口贸易，增加就业机会，充分激发中国企业竞争意识等方面都具有非常重要的作用。同时，加入世界贸易组织也为中国法制建设进一步同国际接轨创造了条件，提供了动力。中国不仅建立了一整套与世界贸易组织相关规则配套的全新的中国外经贸法律制度体系，而且补充完善了中国知识产权法的不足。特别是在知识产权保护方面，中国之前虽然也有相关的法律，但是并不全面，尤其是执行法律时既不严肃也不严格。入世之后，中国无论在保护知识产权的立法方面，还是在执法和司法审查方面都取得了巨大的进步。此外，在国际争端解决机制方面，世界贸易组织争端解决机制也为中国提供了很好的参考，使中国在法制建设上更加注重程序规则的使用。可见，加入世界贸易组织对中国特色社会主义法制建设产生的影响是全方位的，不仅使中国法制建设迅速与国际标准取得一致，也使中国的法制理念快速赶上世界法制文明的步伐，并将世界先进的法制理念，如平等对待市场主体、重视程序规则、重视司法审查、重视依法办事等，借鉴运用到中国的法制建设理论和实践之中。加入世界贸易组织在推动中国法制建设进步的同时，也对中国特色社会主义法制思想在新的时代条件下向前发展提供了客观条件和外在动力。

（三）"三个代表"重要思想为中国特色社会主义法制思想初步发展奠定了理论基础

中国的事情能否办好，关键取决于中国共产党，这是中国共产党在领导人民进行革命、建设、改革的长期实践中得出的一条基本经验。在对外开放和发展社会主义市场经济条件下，社会经济结构、经济成分、利益关

系、所有制及分配方式越来越多样化，中国共产党如何始终保持工人阶级先锋队性质，如何更好地代表人民的利益，如何维护和加强全党的团结统一，是市场经济条件下中共面临的重大问题。江泽民在冷静分析形势的基础上，提出了"三个代表"重要思想，全面而有力地回应了时代提出的严峻挑战，推动了马克思主义中国化进程又一次飞跃，同时也推动了马克思主义法学中国化进程中又一最新理论成果的形成。① "三个代表"重要思想是中国特色社会主义法制思想初步发展时期的理论基础，它所蕴含的法权观念和法制思想为中国法制建设的发展提供了思想指南。学者公丕祥认为，中国共产党要始终代表中国先进生产力的发展要求，就必须通过法律程序及时地把先进生产力的要求转化为法律上的权利和权力安排，借助立法程序把先进生产力的发展要求由政治意志转化为法律意志。中国共产党要始终代表先进文化的前进方向，就必须通过法律手段有效地保护人民群众的文化权利，构建体现社会主义核心价值观念的法律价值体系，引导人们用法律视野和法律思维正确认识改革发展中存在的问题，培养人们运用法律手段解决社会矛盾的意识和能力。中国共产党要始终代表最广大人民的根本利益，就必须确立解决改革和建设过程中产生的利益分配问题的基本政策和原则，并通过相应的法律制度来维护人民群众的合法权益。② "三个代表"重要思想是时代的产物、实践的产物，它不仅科学回答了"建设什么样的党，怎样建党"这一重大课题，而且为中国特色社会主义法制思想实现在新的历史条件下的创新发展指明了方向。它确立的人民主体论的价值立场是中国政治文明和法治文明新的逻辑起点，标志着中国法制建设走向新的阶段。

第二节　中国特色社会主义法制思想
在初步发展时期的基本内容

　　1992 年至 2002 年是中国特色社会主义法制思想的初步发展时期。这一时期的法制思想从理论和实践上进一步完善了中国法制思想理论体系的

---

① 参见公丕祥《马克思主义法学中国化的进程》，法律出版社 2012 年版，第 219 页。
② 同上书，第 220—221 页。

结构、内容，并提出了一些新的法制理念，使中国特色社会主义法制思想逐渐丰满了起来。初步发展时期的法制思想为引领中国法制建设成功走向新世纪作出了创造性的独特贡献。

一 确立"依法治国，建设社会主义法治国家"的基本方略

（一）确立依法治国基本方略的过程

依法治国基本方略的确立经历了三个阶段：第一个阶段是 1996 年"依法治国"被当作国民经济和社会发展"九五"计划的一条基本方针载入了中央文件。当时文件中是这样表述的："加强法制建设，依法治国，建设社会主义法制国家，是实现国家长治久安的重要保证。"① 第二个阶段是 1997 年"依法治国"作为国家法治建设的一条基本纲领写进了中共十五大报告，"建设有中国特色社会主义的政治，就是在中国共产党领导下，在人民当家作主的基础上，依法治国，发展社会主义民主政治。"② 第三个阶段是 1999 年"依法治国"作为一条基本方略被载入了中国宪法。依法治国，归根到底就是依照宪法治理国家。用国家根本大法的形式将依法治国基本方略确定下来，标志着该思想不仅成为全党的意志，而且上升为国家意志，取得了宪法效力，具有至高无上的权威。至此，中国长达数十年的人治与法治之争宣告结束，法治最终成为国家和人民的选择。③

（二）依法治国基本方略的内涵

"依法治国，就是广大人民群众在党的领导下，依照宪法和法律规定，通过各种途径和形式管理国家事务，管理经济文化事业，管理社会事务，保证国家各项工作都依法进行，逐步实现社会主义民主的制度化、法律化，使这种制度和法律不因领导人的改变而改变，不因领导人看法和注意力的改变而改变。"④ 在这一论述中，"依法治国"的主体、客体、依据和目标被清晰地表达出来了。依法治国方略的主体是"广大人民群众"，

① 《十四大以来重要文献选编》（中），中央文献出版社 2011 年版，第 725 页。
② 《十五大以来重要文献选编》（上），中央文献出版社 2011 年版，第 16 页。
③ 陈金全主编：《新中国法律思想史》，人民出版社 2011 年版，第 245 页。
④ 《江泽民文选》（第二卷），人民出版社 2006 年版，第 28—29 页。

它包括工人、农民、知识分子等在内的全体中国人民。依法治国的客体是国家、社会和经济文化等各项事业。依法治国的依据是国家的宪法和法律。实行依法治国的根本目的在于确保人民充分享有当家作主的权利。为了确保这一目标的实现，国家必须在实践中不断健全民主制度，丰富民主形式，拓宽民主渠道，从更深层次、更广领域扩大公民的有序政治参与。依法治国的本质则是实行法治、消除人治。人治和法治的根本区别在于治理国家的基本依据不同，人治的主要依据是个人意志，而法治的主要依据是以法律为实现形式的公共意志或人民意志。人治是封建国家的治国方式，而法治是现代国家的基本治理方式。只有树立"法律至上"的理念，不唯权，不唯上，才能建立起真正的法治国家。

（三）实现依法治国的路径选择

依法治国是一项系统工程，它的实现需要国家在法制建设的各个环节乃至社会生活的各个领域付出艰苦的努力。对于一个缺乏民主法制基础的社会主义国家来说，实现依法治国还有很长的路要走。根据中共中央的部署，中国法治建设主要须从以下几个方面努力。

一是要继续加强立法工作，提高立法质量，加快建立和完善适应新的经济形势发展的法律制度体系，将国家各项工作逐步纳入法制化和规范化的轨道。

二是推进依法行政，坚决杜绝政府机关滥用权力、违法行政现象的发生。依法治国要求政府首先必须守法。《关于全面推进依法行政的决定》对国务院各部门及各级地方政府全面推进依法行政提出了明确要求。中共十五届五中全会决议及中共十六大报告对推进政府工作法制化、从严治国、依法行政也作了特别强调。严格规范执法行为，提高执法能力和水平，深化行政管理体制改革成为加强依法行政的主要任务和发展方向。

三是推进司法机关独立公正司法，杜绝司法不公现象。司法的独立和公正是实现社会正义的最终保障，也是实现依法治国的重要途径。在新形势下确保司法独立公正必须大力推进司法改革。中共十四届三中全会明确提出"改革、完善司法制度"，中共十五大报告进一步提出"推进司法体制改革"。这就表明推进司法体制改革，健全独立公正的司法制度已经成为法治建设的重要内容。

四是继续深入开展普法教育，增强全民法律意识。首先，法制观念、法律意识的培养是一个长期的过程，法制教育必须制度化、规范化才能确保法制普及的有序性、有效性。其次，普法教育还要突出重点。"干部依法决策、依法行政是依法治国的重要基础。广大干部和群众的法律水平的高低，直接影响着依法治国的进程。"① 各级党员领导干部要自觉学习法律知识，自觉运用法律手段管理社会，并带动全社会形成守法、用法的风气和氛围。再次，实施普法教育还要从长远、从根本上着手，加强对青少年的法制教育。

（四）提出德法并举的思想

为了适应中国经济社会发展的新需要，中共中央在总结国内外治国经验的基础上提出了"以德治国"的重要思想。"我们在建设有中国特色社会主义，发展社会主义市场经济的过程中，要坚持不懈地加强社会主义法制建设，依法治国；同时也要坚持不懈地加强社会主义道德建设，以德治国。"② 2002 年，中共十六大正式提出了以德治国，德法并举的思想。以德治国主要是指在国家治理中除了依靠法治外还要依靠思想道德建设。"以德治国"是对"依法治国"方略的补充与完善。"法治以其权威性和强制手段规范社会成员的行为，德治以其说服力和劝导力提高社会成员的思想认识和道德觉悟。"③ 法治规范的是人的外部行为，德治则约束人的内部良心，法治是一种"他律"，德治是一种"自律"。在市场经济条件下，要实现德治与法治的结合，首先必须建立完备的社会主义法律体系及与之配套的社会主义思想道德体系。特别是要重点加强以为人民服务为核心，以爱国主义和集体主义为原则，以社会公德、职业道德和家庭美德为主体，并且具有普遍认同性和具体可行性的道德体系。只有这样的思想道德体系才能被群众自觉接受、自觉遵守。其次，在加强法制建设的同时，必须通过广泛的宣传、教育，用社会主义思想道德体系引领社会发展，培养公民的理想信念和责任意识，提高广大群众的思想道德素质、弘扬社会主义道德风尚。思想政治建设与法制建设是相辅相成的，加强思想政治建设是重要的预防手段，也是"以德治国"的重要内容。执政党只有充分

---

① 《江泽民同志理论论述大事纪要》（上），中共中央党校出版社 1998 年版，第 300 页。
② 《江泽民文选》（第三卷），人民出版社 2006 年版，第 200 页。
③ 《江泽民论有中国特色社会主义》，中央文献出版社 2002 年版，第 336 页。

利用好宣传、教育这一武器，才能真正将"以德治国"方略落到实处。江泽民以德治国、德法并举的思想突破了传统法制工具理性的局限，凸显了现代法制的价值理性，实现了工具理性和价值理性的统一，对于推动社会主义精神文明建设具有重要指导作用。

二　明确中国特色社会主义法制建设中的几对重要关系

在推进社会主义市场经济体制改革的新形势下，中共第三代中央领导集体对民主与法制、党的领导与法制、体制改革与法制等几对重要关系的认识有了新的突破，这些认识体现了法制思想在这一时期的新发展。

（一）坚持党的领导、人民当家作主与依法治国相统一

处理好党的领导、人民民主及依法治国之间的关系是实施依法治国方略过程中必须面对的基本问题。江泽民在中共十五届二中全会上指出："依法治国，要贯彻两个原则：一是必须坚持党的领导和社会主义方向，二是必须保证广大人民群众充分行使民主权利。"① 中共十六大进而提出："发展社会主义民主政治，最根本的是要把坚持党的领导、人民当家作主和依法治国有机统一起来。"② 从中国国情出发，实现三个要素的有机统一是中国特色社会主义民主政治建设的根本目标，也是 21 世纪中国特色社会主义法制建设必须遵循的一条根本准则。

依法治国与党的领导是统一的。实行依法治国方略是由中国共产党自觉提出的，也是在中国共产党的领导下有序进行的。党的领导为依法治国提供了基本政治前提和根本组织保证。在新形势下，党的领导方式经过改革和完善，最终体现为坚持党在政治、思想及组织上的领导。政治领导主要是指由中国共产党制定国家发展的大政方针，提出具体的立法建议，并通过法定的程序将其主张上升为国家意志。思想领导就是通过开展宣传教育，用中国特色社会主义理论体系武装群众，提高群众觉悟。组织领导就是通过干部人事任免、开展各级党组织活动及发挥党员模范作用来带动广大群众贯彻落实党的方针、政策。中国共产党的阶级性质决定了党的意志、人民的意志及宪法法律三者具有根本一致性。但并不能因此就否定了

---

① 《江泽民论有中国特色社会主义》，中央文献出版社 2002 年版，第 328 页。

② 《十六大以来重要文献选编》（上），中央文献出版社 2011 年版，第 24 页。

党在制定宪法和法律中的领导地位和作用，也不能因为党发挥领导作用，就认为党可以凌驾于宪法和法律之上。带头遵守宪法和法律，是执政党对自身意志、人民意志及宪法法律的尊重。执政党必须在宪法和法律范围内活动，也是宪法法律有效性的普遍要求。在 1997 年 12 月召开的全国政法工作会议上，江泽民要求，"所有的党组织和领导干部都要坚持在宪法和法律范围内活动，自觉做到依法决策，依法行政，依法律己。"① 以法律和制度的形式规范各级党组织、广大党员，特别是领导干部的行为是依法治国的根本要求。

依法治国与人民当家作主是统一的。中国共产党作为最广大人民群众根本利益的忠实代表，始终将发展社会主义民主作为自己的历史使命。在实践中，中国共产党带领人民找到了许多独特的民主实现形式，如人民代表大会制度、中国共产党领导的多党合作、政治协商制度、民族区域自治制度，为社会主义民主政治建设作出了巨大贡献。同时，中国宪法也明确地将社会主义民主的本质、任务、具体实现形式及公民的各项民主权利以根本大法的形式确定了下来，为确保人民群众真正成为国家和社会的主人提供了根本法律保障。此外，在实践中，中国共产党带领广大群众不断地探索新的民主实现形式。如，中共中央要求城乡基层政权机关和基层群众性自治组织都要"健全民主选举制度，实行政务和财务公开，让群众参与讨论和决定基层公共事务和公益事业，对干部实行民主监督"，并要求各类企事业单位都要"坚持和完善以职工代表大会为基本形式的企事业民主管理制度"。② 可见，人民民主为社会主义中国实行依法治国方略提供了重要的前提和基础，依法治国则为人民民主的最终实现提供了可靠的保障。

（二）政治体制改革与依法治国

尽管自改革开放以来中国政治体制改革和经济体制改革已经取得了显著进展，但两项改革都还没有达到理想的状态。特别是原有政治体制中长期存在的一些弊端并没有从根本上得到解决。中共十四大提出，"必须按

---

① 《十五大以来重要文献选编》（上），中央文献出版社 2011 年版，第 143 页。

② 参见《十五大以来重要文献选编》（上），中央文献出版社 2011 年版，第 28 页。

照民主化和法制化紧密结合的要求，积极推进政治体制改革。"① 紧接着，中共十五大再次强调了推进政治体制改革的重要性，并指出，"发展民主，加强法制，实行政企分开、精简机构，完善民主监督制度，维护安定团结"② 是今后政治体制改革的主要任务。政治体制改革包含的内容异常丰富，既包括党的领导方式和执政方式的改革，也包括行政管理体制、司法体制、干部人事制度改革，还包括权力制约和监督机制改革，涉及了国家政治生活的方方面面。政治体制改革同依法治国是紧密联系在一起的，政治体制改革进行的程度直接决定着依法治国的实现程度。一方面，依法治国为推进政治体制改革提供了重要的突破口和基本的改革方向，没有依法治国这一基本方略作指导，政治体制改革就无法进行下去。另一方面，政治体制改革的推进为依法治国方略的实现提供了强大动力机制和体制基础。改革开放以来，在中国特色社会主义理论的指导下，中国政治体制改革取得了一系列重要成果，社会主义民主政治建设正在走向更高的发展阶段。特别是在"依法治国，建设社会主义法治国家"这一重要思想指导下，国家政治生活逐步走向民主化、法治化，这一特点已经成为中国社会全面进步的一个重要标志。继续坚定不移地、积极稳妥地推进政治体制改革，创造出更高水平、更切实际的民主和法治仍然是今后建设中国特色社会主义的重要内容之一。

（三）人权保护与依法治国

人权与法治二者紧密相连，离开了人权，就没有真正的法治；离开了法治，再好的人权理念也不能实现。对于实行社会主义制度的中国来讲，只有实行依法治国，建立社会主义法治国家，广大人民群众的人权才能得到切实保护和尊重；只有将尊重和保护人权作为依法治国的根本价值取向，才能建立真正的法治国家。然而，人权问题在中国被提出并受到重视是 20 世纪 80 年代末的事。当时，一些国际敌对势力基于意识形态和社会制度等原因，将"人权攻势"的矛头直指中国，并以人权问题为借口不断攻击中国的政治制度。人权问题从此成为中国社会主义现代化建设过程不可回避的话题。1989 年 7 月 20 日，江泽民首次代表中共中央在人权问

---

① 《十四大以来重要文献选编》（上），中央文献出版社 2011 年版，第 24 页。
② 《十五大以来重要文献选编》（上），中央文献出版社 2011 年版，第 27 页。

题上做了说明，强调要用马克思主义的基本观点，正确而通俗地解释民主、自由、人权，使干部、群众特别是青年学生受到教育。① 1990 年底，江泽民明确提出人权问题不可回避，并要求对这一问题进行认真研究②。自 1991 年开始，中国运用发布人权白皮书的形式来表达中国在人权问题上的基本立场。1991 年至 2002 年 10 多年间，中国先后发布了 6 个介绍中国人权总体情况的白皮书和 20 多个专题白皮书。在总结历史经验和教训的基础上，中国找到了一条符合本国国情的人权发展道路，即将生存权、发展权放在首位，在改革、发展、稳定的条件下，全面推进人权保障。③江泽民多次指出，"人权是具体的、相对的"，"人权问题在本质上是各国主权范围内的事。反对任何国家以人权为借口，干涉别国内政"。④ 他还特别强调，对中国来说，确保人民的生存权和发展权，是首要的也是最大的人权保障。中国政府坚决反对一切侵犯人权的现象，对这些行为要依法纠正；同时为了保障广大人民的利益和权利必须依法惩治各种犯罪行为。⑤ 事实上，改革开放以来，中国民主政治建设不断加强，公民的个人权利和政治权利在民主与法制的轨道上得到了不断扩大和有效保障。

（四）制度反腐与依法治国

早在改革开放初期，邓小平就讲，"我们自从实行对外开放和对内搞活经济两个方面的政策以来，不过一两年时间，就有相当多的干部被腐蚀了。"⑥ "现在刹这个风，一定要从快从严从重……对有一些情节特别严重的犯罪分子，必须给予最严厉的法律制裁。"⑦ 然而，腐败现象并没有被彻底铲除。随着改革的继续深入，腐败现象反而愈演愈烈。反腐败的方式也从改革开放前的运动式反腐逐步向制度反腐过渡。江泽民在中国共产党成立七十周年大会的讲话中首次提出了制度反腐的问题，他说，"如果听任腐败现象发展下去，党就会走向自我毁灭"，必须"建立健全一套拒腐

---

① 参见江泽民《在全国宣传部长会议上的讲话》，《人民日报》1989 年 7 月 20 日，第 01 版。

② 转引自金同小《1991：中国人权白皮书那一小步》，《中国新闻周刊》2012 年第 2 期。

③ 参见《中国人权发展 50 年》白皮书，人民出版社 2000 年版。

④ 《江泽民同志理论论述大事纪要》（下），中央党校出版社 1998 年版，第 613 页。

⑤ 参见《十四大以来重要文献选编》（中），中央文献出版社 2011 年版，第 524 页。

⑥ 《邓小平文选》（第二卷），人民出版社 1994 年版，第 402 页。

⑦ 同上书，第 403 页。

防变的制度，采取切实有效措施，加强党内监督和人民群众的监督"。①
注重发挥制度建设在反腐败斗争中的作用，是这一时期治理腐败最鲜明的
特点。以制度反腐为主线，中共还初步提出了建立"惩治与预防相结合
的反腐败体系"的计划，即把集中惩处和打击违法犯罪、加强法制建设
同思想政治建设有机结合起来，将反腐败斗争不断引向深入。② 另外，还
要坚持实行"标本兼治、综合治理"的方针，将预防腐败寓于各项重要
政策和措施之中，通过民主监督、健全法制、思想教育等多种手段，达到
从源头上预防和治理腐败的目标。尽管治理腐败有多种途径和方式，但在
诸多措施中，只有法治才是消除腐败的真正治本之策，用法治思维和法治
方式治理腐败是依法治国的必然要求，也是实现制度反腐最终向法治反腐
转变的根本途径。对转型中的国家来说，腐败不仅是社会的毒瘤，而且是
建设法治国家的最大障碍。能否建立有效的权力制约和监督机制是衡量一
个国家能否走向法治国家的重要标准，也是一国腐败现象能否得到根本消
除的制度依据。江泽民在中共十六大报告中指出，建立结构合理、配置科
学、程序严密、制约有效的权力运行机制，从决策和执行等环节加强对权
力的监督，才能保证把人民赋予的权力真正用来为人民谋利益。③ 自此，
中共开辟了一条治理腐败的新途径。

三　提出"初步形成中国特色社会主义法律体系"的目标

构建中国特色社会主义法律体系是实现依法治国的首要前提，也是中
国法制建设的主要内容。"初步形成中国特色社会主义法律体系"目标的
提出经历了前后相继的两个阶段。第一个阶段是中共十四大至中共十五
大，这个阶段的立法目标是建立社会主义市场经济法律体系；第二个阶段
是中共十五大至中共十六大，这一阶段的立法目标是初步建立中国特色社
会主义法律体系。前一阶段工作的完成为后一阶段工作的开展提供了基础
和准备；后一阶段的任务目标是在总结前一阶段成果的基础上提出的，是
前一阶段的提高和升华。

---

① 《十三大以来重要文献选编》(下)，中央文献出版社 2011 年版，第 189 页。
② 参见《江泽民同志理论论述大事纪要》(下)，中央党校出版社 1998 年版，第 889 页。
③ 参见《十六大以来重要文献选编》(上)，中央文献出版社 2011 年版，第 28 页。

（一）建设社会主义市场经济法律体系阶段

中共十四大明确提出要将加强市场制度和法规建设作为社会主义市场经济体制建设的重要环节来抓，这一要求为社会主义市场经济法律体系的提出提供了思想和理论准备。紧接着在八届全国人大常委会第一次会议上，乔石就加快经济立法专门作了工作安排，他说，"本届全国人大常委会要把加快经济立法作为第一位的任务，尽快制定一批有关社会主义市场经济方面的法律。"① 在八届全国人大常委会第二次会议上，乔石正式提出了"社会主义市场经济法律体系"这一概念，并对相关的问题作了具体说明。例如：市场经济法律体系是"社会主义市场经济不可分割的组成部分"；建立市场经济法律体系道路"同样没有现成的模式，也要靠我们自己探索"；社会主义市场经济法律体系的基本内容包括"规范市场主体的法律""调整市场主体关系、维护公平竞争的法律""改善和加强宏观调控、促进经济协调发展方面的法律""社会保障制度方面的法律"；并将社会主义市场经济立法原则确立为"立法要同改革开放进程相适应""局部利益要服从国家整体利益""立足于中国国情，大胆吸收和借鉴国外经验""更好地发挥专家在立法工作中的作用""在加快立法步伐的同时，注重提高立法质量"② 等等，初步规划出了社会主义市场经济法律体系的基本架构。中共十四届三中全会决定正式提出了到"本世纪末初步建立适应社会主义市场经济的法律体系"的目标，并突出强调，立法要体现改革精神，要搞好立法规划，要适时修改和废止与社会主义市场经济法律体制不相适应的法律和法规，要加强党对立法工作的领导等具体要求。还要求立法部门要抓紧制定规范市场主体、维护市场秩序、加强宏观调控、完善社会保障、促进对外开放等方面的法律③，从而确立了建立和完善市场经济法律体系的基本指导思想和框架结构。经过不懈努力，最终顺利完成了建立社会主义市场经济法律体系的艰巨任务。

（二）初步建设有中国特色社会主义法律体系阶段

建立社会主义市场经济法律体系对促进改革开放、实现经济体制顺利

---

① 《十四大以来重要文献选编》（上），中央文献出版社 2011 年版，第 219 页。

② 同上书，第 293—296 页。

③ 参见《十四大以来重要文献选编》（上），中央文献出版社 2011 年版，第 473 页。

转变具有重要意义。但由于这一法律体系主要以调整经济关系、加强经济领域立法为重点内容，因此，它并不能够涵盖所有需要由法律调整和规范的社会关系，当然也不能够满足国家和社会对法律的全部需求。1997年3月，在八届全国人大五次会议闭幕会上，乔石指出，"以后随着改革开放和现代化建设的发展，还需要继续抓紧制定和完善有关社会主义市场经济方面的法律、推进社会主义民主政治建设的法律以及其他方面的法律。经过若干年的努力，我们一定能够建立起比较完善的有中国特色的社会主义法律体系。"① 初次表达了中共中央建立中国特色社会主义法律体系的愿望。1997年9月，中共十五大正式提出了"到二〇一〇年形成有中国特色社会主义法律体系"② 的目标。随后，在1998年3月召开的九届全国人大常委会一次会议上，李鹏指出，"经过近二十年的努力，我国的立法工作取得了很大成就，以宪法为核心和基础的、有中国特色社会主义法律体系的框架已经初步形成"③，为了更好地实现已经确立的立法目标，他还要求常委会要有五年立法规划和研究、起草到2010年的立法纲要。紧接着，九届全国人大二次会议将中国特色社会主义法律体系的初步形成确立为本届全国人大任期内的工作任务。经过几年的努力，在2000年11月召开的全国人大常委会立法工作会议上，李鹏指出，"以宪法为核心的有中国特色社会主义法律体系的框架已经形成"④。在2003年3月召开十届全国人大一次会议上，李鹏正式宣布以宪法为核心的中国特色社会主义法律体系初步形成。⑤ 作为一项重要的阶段性工作，九届全国人大胜利完成了立法任务，从而为下一步的立法工作和中国特色社会主义法律体系的正式形成奠定了基础。

（三）进一步确立完善中国特色社会主义法律体系的立法原则

早在改革开放之初，中国就确立了从实际出发、坚持社会主义、坚持走群众路线等立法原则。在建设社会主义市场经济法律体系过程中，又补充了立法要与改革进程相适应，局部利益要服从国家整体利益的原则。在

---

① 《乔石谈民主与法制》（下），人民出版社2012年版，第533页。
② 《江泽民文选》（第二卷），人民出版社2006年版，第30页。
③ 《十五大以来重要文献选编》（上），中央文献出版社2011年版，第227页。
④ 《十五大以来重要文献选编》（中），中央文献出版社2011年版，第538页。
⑤ 参见《十六大以来重要文献选编》（上），中央文献出版社2011年版，第195页。

初步形成中国特色社会主义法律体系的过程中，立法机关又进一步发展和完善了之前提出的这些立法原则。

对民主立法原则的完善体现为：在法律草案起草的过程中，要实行立法工作者、专家、学者及其他实际工作者相结合的原则；在法律草案审议的过程中，要广泛征求各个地方、各个部门和有关专家、学者的意见，广听博纳，集思广益，力求使制定的法律符合实际，切实可行。

对立法要同改革进程相适应原则的补充体现为：首先将这一表述发展为"立法要同改革和发展的重大决策相结合"；其次要求立法兼顾改革中各个利益主体的承受能力，处理好改革、发展和稳定之间的关系，把握好适当的"度"；同时立法部门要将改革的难点当作立法的难点，将改革的方向视作立法的方向，保持立法速度与改革步伐的统一协调。

对立法要坚持社会主义原则的完善表现为：立法要着眼于国家整体利益和社会主义市场经济体制的大局，而不是仅考虑个别地方、个别部门的特殊利益、局部利益。

对立法要从实际出发原则的更新体现为：突出强调立法工作的根本出发点是中国的国情和实际，要求立法必须从社会主义初级阶段这个最大的实际出发，兼顾各地的基本情况和发展水平，协调好中央与地方、地方与地方之间的各种关系。

这也表明中国特色社会主义法律体系的立法原则，经历了从逐步提出到不断完善再向更深层次发展的演变轨迹。

（四）中国特色社会主义法律体系的基本构成

关于中国特色社会主义法律体系如何划分法律部门，学界进行了广泛的研究和探讨，形成了许多不同的观点。全国人大常委会委员、全国人大法律委员会主任委员王维澄在九届全国人大常委会举行的第八次法制讲座上指出，中国法律体系划分为七个法律部门①比较合适。每个部门中又包括若干子部门，有些子部门下面还可以进一步划分。这一建议最终被全国人大采纳，李鹏在 2000 年 1 月全国人大常委会召开的立法工作会议上指

---

① 全国人大常委会办公厅研究室编：《中国特色社会主义法律体系形成大事记》（中国民主法制出版社 2011 年版，第 167 页），文中指出，七个法律部门分别是：宪法及宪法相关法、民法商法、行政法、经济法、社会法、刑法、诉讼与非诉讼程序法。

出，"从构成有中国特色社会主义法律体系的各个法律部门看，宪法和宪法相关法、民商法、行政法、经济法、社会法、刑法、诉讼与非诉讼程序法等七个法律部门都有一批基本的、主要的法律出台，并且有相应的行政法规和地方性法规与之配套……以宪法为核心的有中国特色社会主义法律体系的框架已经形成，为建立有中国特色社会主义法律体系奠定了坚实的基础。"① 这一讲话初步肯定了七大法律部门的提法，同时也指出了中国法律体系的纵向构成主要包括法律、行政法规和地方性法规。从而为今后进一步研究和探讨法律体系的构成奠定了基础。在九届全国人大四次会议上，李鹏正式宣布了法律部门的分类并对每一个法律部门的内涵作了详细说明："宪法及宪法相关法是法律体系的主导法律部门，规定我国的社会制度、国家制度、公民的权利和义务、国家机关的组织、职责和活动原则"；"民法商法是规范民事、商事活动的基础性法律，主要调整平等主体之间的财产关系和公民的人身关系"；"行政法是调整国家行政管理活动的法律，主要规范行政机关的行政权力和行政行为，以及规范公务员制度"；"经济法是调整因国家对经济活动的管理所产生的社会经济关系的法律"；"社会法是调整劳动关系、社会保障和社会福利关系的法律。""刑法是规定犯罪和刑罚的法律规范"；"诉讼与非诉讼程序法是规范因诉讼活动和非诉讼活动而产生的社会关系的法律"。② 从而正式确定将中国法律体系划分为七个法律部门。

（五）中国特色社会主义法律体系形成的主要标志

"初步形成中国特色社会主义法律体系"目标的提出掀起了一场关于中国特色社会主义法律体系形成标准或标志的讨论，这个问题也成为全国人大研究和探讨的重要理论问题。学者们从各个角度各抒己见，形成了多种看法，最早提出的是"形式标准说"③，即认为支撑法律体系的法律部门已经备齐；各法律部门中具有基础地位、在法律体系中起到骨架与支撑作用的基本法律已经具备；与法律相配套的行政法规、地方性法规也已体

---

① 《十五大以来重要文献选编》（中），中央文献出版社 2011 年版，第 538 页。

② 同上书，第 786—787 页。

③ 参见全国人大常委会办公厅研究室课题组《中国特色社会主义法律体系若干问题研究》，《理论前沿》1999 年第 3 期。

系化，这三个方面的内容共同构成了判断法律体系是否形成的标准。也有人提出"实质标准说"①，认为法律体系是否完善，全世界只有一个评价标准，就是它能否充分满足社会成员对法律规则的需求。这个需求实际上就是对社会公正的需求。此评价标准非常简单，但实践中很难把握。还有人认为应当坚持"形式和实质标准说"②，即评判一个法律体系的形成和完善与否，不应仅从数量方面来考量，更要看其是否符合调控水准、逻辑关联、价值理念和外部适应等关于质的方面的标准。后来又有人提出了"形式、实质、阶段性标志说"③，即中国特色社会主义法律体系的形成有形式上的标志、实质上的标志和阶段性的标志之分。2001年3月，李鹏在九届全国人大四次会议上确定了三个构成中国特色社会主义法律体系的基本标志：一是涵盖各个方面的法律部门（或法律种类）应当齐全；二是各法律部门中基本的、主要的法律应当制定出来；三是与之配套的行政法规、地方性法规、自治条例和单行条例也应当制定出来。④ 实际上是采用了形式标准说，这一标准体现了学界的主流认识，其优点在于易把握，好判断，因此也被后来的历届人大常委会所采用，成为判断中国特色社会主义法律体系是否形成的主要标志。

（六）立法走向制度化

2000年3月，九届全国人大三次会议通过了一部在新中国立法史上具有重要意义的标志性法律——《中华人民共和国立法法》。立法法的颁布，对消除法规、规章内容越权，法规、规章之间及其与法律之间相互矛盾、冲突，促进立法规范化、制度化，提高立法质量，维护国家法制统

---

① 参见周叶中、伊士国《中国特色社会主义法律体系的发展与回顾——改革开放30年中国立法检视》，《法学论坛》2008年第4期。

② 李林在《法律体系形成的五项标准》（《人民日报》2010年6月23日，第016版）中将这一标准概括为法律体系的构成标准、法律体系的数量标准、法律体系的调整范围标准、法律体系的内部技术标准、法律体系的价值实效标准。陈俊在《中国特色社会主义法律体系的形成：内涵与走向》（《中国社会科学院研究生院学报》2011年第6期）中将其概括为：一是该国的政治、经济、文化、社会等领域都有相应的法律规范；二是该国现行的法律能够适应经济社会发展需要；三是该国的法律规范整体和谐，结构合理，彼此协调，相辅相成。

③ 参见刘松山《中国特色社会主义法律体系的范围、构成与标志》，《红旗文稿》2003年第13期。

④ 参见《十五大以来重要文献选编》（中），中央文献出版社2011年版，第785—786页。

一，具有重要的指导和规范作用。立法法确立了国家立法应当遵循的基本原则，包括立法必须遵循宪法，必须坚持党在社会主义初级阶段的基本路线，必须依照法定的权限和程序，从国家整体利益出发，维护社会主义法制的统一和尊严，必须体现人民的意志等多项原则。立法法还对各立法主体的立法权限和范围作了明确划分，如：规定全国人大制定和修改基本法律，全国人大常委会则制定和修改除基本法以外的其它法律，并可以在全国人大闭会期间对基本法进行部分补充和修改；授予国务院制定行政法规的权力，并明确列举了可以制定行政法规的具体情形；授予省、自治区、直辖市、较大的市及经济特区所在地的省、市的人民代表大会及其常务委员会有权制定地方性法规；授予民族自治地方的人民代表大会制定自治条例和单行条例的权力。立法法还规定国务院各部委及直属机构可以制定部门规章，中央军事委员会有权制定军事法规，其下属的各总部、军兵种、军区，可以制定军事规章。另外，立法法还规定了一系列重要的立法程序，包括制定法律应当采取多种形式听取各方面的意见，对于一些重要的法律草案可以向全社会公布，广泛征求意见；行政法规起草时应当采取多种形式，广泛征求有关机关、组织和公民的意见。这些关于立法程序的规定，既体现了民主和科学的精神，也贯彻了立法走群众路线的原则，为促进中国立法的民主化、科学化提供了重要保证。总之，立法法从程序上保证了中国特色社会主义法律体系的统一、完整。它在国家法律体系中发挥着统领作用，是法律体系保持内在和谐一致的基础。

第三节　初步发展时期的中国特色社会主义法制思想对中国特色社会主义法学理论的历史贡献

以江泽民为核心的中共第三代中央领导集体，主动顺应苏联解体、东欧剧变之后的国际局势，紧紧抓住国际政治多极化和经济全球化给中国带来的发展机遇，从市场经济体制改革着手，从中国特色社会主义建设实践出发，科学回答了在社会主义市场经济条件下如何加强中国特色社会主义法制建设这一重大课题，成功将中国特色社会主义法学理论推进到了21世纪。初步发展时期的中国特色社会主义法制思想从多个方面继承和发展了中国特色社会主义法学理论，为中国特色社会主义法学理论的创新作出了巨大的历史贡献。

一 实现了从"法制"到"法治"的思想飞跃

尽管早在改革开放初期邓小平就特别强调制度的作用、法律的作用，但在当时并没有明确地将"法制"与"法治"区别开来，因此这两个词语当时是通用的，各自的含义也并不十分明确。在依法治国思想提出之后，社会各界纷纷从基本概念入手，深入探讨"法制"与"法治"的区别和联系，围绕如何实现法治国家掀起了法学研究的新高潮。依法治国方略的提出，表明中共在法制建设实践中至少实现了以下几个思想跨越。

首先，在内涵上，更加清晰准确地将"法制"与"法治"区别了开来。法制是"法律制度"或"法律和制度"的简称，是法的静态形式。而法治表达的是法的运行状态、运行方式、运行程度和运行过程。它强调的是制定良好的法律得到普遍遵守的状态，包括法律至上的权威，法律的公正性、普遍性、公开性等基本要求及法律制约公权力、保障人权等基本原则的确立及贯彻落实。有"法制"不一定有"法治"，而实行"法治"必须具有相当完备的"法制"，因此，"法治"是"法制"的进步和发展。尽管实现"法治"有理想主义的成分在内，但它代表着人类社会发展的基本方向。

其次，在功能定位上，实现了法律从阶级统治工具向保障人民权利的转变。在改革开放之前的中国法制思想史上，法制一直被当作统治阶级实现其阶级统治的工具看待，邓小平法制思想首次冲破了这种理论束缚。依法治国方略在继承邓小平法制思想的基础上，更加强调法律在维护人民权利、保障人民利益等方面的突出作用，从而实现了法律功能定位的根本转变，由此也决定了法治建设中需要的法律制度必然是具有自由、平等、人权等特别价值内涵的制度体系。

再次，在立场上，表明了与人治思想的根本对立。法治是与封建专制作斗争的产物，与人治根本对立是它的本质特征。而法制非但不能表明与人治的根本对立，反而可能导致"党治下的法治"。依法治国方略的提出，明确表达了中共与人治思想决裂的决心，也标志着中共在思想上对人治、法治以及法制的认识上有了巨大的进步，这是一个政党走向未来的思想基础。

最后，在实现方式上，确立了从经济体制和政治体制改革入手的主要路径。回顾人类法制发展史可知，法制可以建立在任何经济基础之上，也可以与任何政治体制结合，而法治却只能建立在市场经济基础之上，只能与民主政体结合。依法治国方略的提出，既表达了中共期待建立法治国家的社会理想，也暗示了在实现法治国家的路径上，发展市场经济、完善民主政治将是中共唯一的选择。改革开放以来，中共在发展社会主义市场经济和完善社会主义民主政治体制上已经作了很多努力，目前正在朝着法治国家的目标继续迈进。

二 推动中国法制建设走向现代化

在深化经济体制改革、积极参与经济全球化的过程中，中国社会主义法制建设也经历了一场实现现代化的深刻革命。以江泽民为核心的中共第三代中央领导集体在这一过程中发挥了重要作用。一方面，作出了进一步扩大对外开放的决策；另一方面，确立了依法治国的基本方略，从而为中国法制现代化提供了根本动力和政策保障。

但中国的法制现代化并非西方化，"社会主义"的国家本质及基本国情决定了中国法制现代化必然带有"中国特色"。具体表现在：在现代化和国家化的过程中，"四项基本原则"仍然是国家法制的基石，共产党仍然是国家唯一的执政党，议行合一的人民代表大会制度仍然是国家的政体形式，民族区域自治制度仍然是处理民族关系的基本政治制度，经济上仍然以公有制为主体，国家建设依然执行物质文明与精神文明并举的方针，仍然坚持"依法治国"与"以德治国"相结合等。

在法制现代化的过程中，国家依据现代法治精神对法律制度进行了改造，如按照市场经济和现代民主政治的要求修改了民法、经济法，完善了行政法和行政程序法，修订了刑法，完善了社会保障法、知识产权法、环境保护法，等等。同时也非常注重培养公民的现代法治精神，通过广泛开展普法教育和法制宣传，使党政领导干部、执法人员和普通公民的法律意识逐步提高。可见，中国法制现代化的过程既是不断完善中国特色社会主义制度的过程，也是不断提高公民素质、培育公民法治精神的过程。

由于市场机制是当今世界经济运行的主要机制和主导机制，任何一个国家在构建市场经济法律体系的过程中都不可避免地要吸收和采纳市场经济比较发达国家的立法经验。例如在加快推进社会主义市场经济法律体系建立时，乔石强调，要大胆吸收和借鉴国外立法经验，才有利于中国经济参与国际竞争，有利于吸引外商投资。① 在加入世界贸易组织，从更深层次上参与国际经济合作的过程中，冲破地域和国别限制，实现国内与国际市场对接，客观上要求一国必须制定与国际上通行的法律和惯例相衔接的本国法律，从而实现法律的国际化。中国正是在保持本国民族特色和法制传统的基础上，参与了经济全球化，实现了法律的国际化。

三 促进社会主义民主实现形式法制化

在邓小平"没有民主就没有社会主义"论断的基础上，中共第三代中央领导集体进一步提出了"没有民主和法制就没有社会主义，就没有社会主义的现代化"② 的著名论断，并在社会主义民主实现形式及其法制化上做出了重大创新，使社会主义基本政治制度逐步完善了起来。

在民主发展道路上，形成了从中国国情出发，绝不照搬西方政治制度的模式。在民主实现形式上，江泽民指出，"人民代表大会制度和中国共产党领导的多党合作、政治协商制度以及民族区域自治制度，适合中国国情，鲜明地体现了有中国特色社会主义民主政治的本质和特点，具有自己的优势和强大生命力。"③ 三大基本政治制度成为中国社会主义民主的主要载体。

1992 年，中共十四大明确提出了加强基层民主建设的要求。④ 紧接着，民政部便发布了实施农村村民自治的试行纲要，并首次提出了"四个民主"，即"民主选举、民主决策、民主管理、民主监督"⑤。1997 年，中共十五大将"四个民主"写进了党的文件，并指出，"扩大基层民主，保证人民群众直接行使民主权利，依法管理自己的事情，创造自己的幸福

---

① 参见《十四大以来重要文献选编》（上），中央文献出版社 2011 年版，第 221 页。
② 《江泽民文选》（第一卷），人民出版社 2006 年版，第 235 页。
③ 《江泽民文选》（第二卷），人民出版社 2006 年版，第 257 页。
④ 参见《十四大以来重要文献选编》（上），中央文献出版社 2011 年版，第 25 页。
⑤ 《全国农村村民自治示范活动指导纲要（试行）》，《人民日报》1994 年 2 月 4 日，第 03 版。

生活,是社会主义民主最广泛的实践。"① 1998 年,中共中央办公厅、国务院办公厅专门下发了《关于在农村普遍实行村务公开和民主管理制度的通知》,要求在全国推进农村基层民主建设。② 九届全国人大常委会立即于当年制定了村民委员会组织法。至此,村民委员会组织法与 1989 年通过的城市居民委员会组织法共同构成了中国基层群众自治的法制基础。中共十四大后对基层民主制度的发展和创新,不仅使中国社会主义民主政治的实现形式得到了新的补充和完善,而且也标志着中国共产党对社会主义民主制度的认识更加深入。

四　为推动人权保障法制化奠定了思想基础

社会主义法制归根到底是要维护人民群众根本利益,保障人民当家作主的权利,一旦离开了人民群众的根本权利和利益,社会主义法制就失去了其应有的价值。因此,人权问题一直是社会主义民主法制建设中的重要问题。但是,在新中国成立后,由于过分强调意识形态领域内的斗争,以致在相当长的时期内,人权问题不仅是中国宪法和法律上的禁区,而且是思想理论上的禁区,中国政府甚至拒绝与西方国家进行人权问题上的任何交流和对话。改革开放以后,中国才开始坦然面对人权问题,开始思考西方人权与社会主义中国人权之间的区别和联系。

特别是在 1989 年"政治风波"之后,中共中央根据外部环境的变化,开始正视人权问题,并向国际社会宣传中国关于人权、民主、自由方面的观点和看法。1991 年 11 月,国务院新闻办发表了第一份以人权为主题的官方文件——《中国的人权状况》,除了对中国人权现状进行了详细描述之外,更重要的是将实现充分的人权确定为中国建设社会主义的崇高目标和中国人民政府需要长期完成的一项历史任务。这标志着中国在人权问题上突破了"左"的思想禁区,不仅可以研究探讨人权问题,而且可以倡导社会主义人权的发展和实现。

中共十四大报告指出,中国宪法从根本上保障了中国人民的各种权利,而且中国已经主动参加了一系列有关人权保护的国际公约,并赞同国

---

① 《十五大以来重要文献选编》(上),中央文献出版社 2011 年版,第 28 页。

② 参见《十五大以来重要文献选编》(上),中央文献出版社 2011 年版,第 270 页。

际间就人权问题开展各种形式的平等对话。同时郑重声明：人权问题是一个国家主权范围内的事，中国坚决反对利用人权问题干涉别国内政①，正式阐明了中国在人权问题上的基本态度和立场。人权问题从政府白皮书进入中共的核心文件标志着中国共产党更加自觉地将促进和保护人权事业纳入到了中国特色社会主义建设事业之中。与此同时，人权问题成为中国加强国际对话的重要内容，普遍的国际人权原则开始得到中共的认可。如，1994 年李瑞环出访比利时指出："我们尊重国际社会关于人权的普遍性原则。"②

1997 年，中共十五大报告首次提出"尊重和保障人权"③，标志着中国共产党正式将"尊重和保障人权"当作自身执政的基本理念。2002 年，中共十六大再次将"尊重和保障人权"纳入中国改革开放和现代化建设的发展战略之中。④ 从否定人权到认可人权，再到尊重和保障人权，这一系列认识的变化，既表达了中共在人权问题认识上与世界接轨的决心，也体现了中共将人权问题与社会主义制度相结合的政治动向，在客观上为今后进一步推动人权入宪奠定了坚实的思想基础。

五 为全面推进依法行政奠定理论和实践基础

政府是国家社会的日常管理机构，政府工作是否廉洁、高效，直接关系到社会生活的每一个方面。为了适应社会主义市场经济体制的要求，克服计划经济下"全能政府"的种种弊端，一方面，中共不断推进行政管理体制改革，转变政府职能；另一方面，又不断加强法制建设，推动依法行政。

所谓依法行政主要是指国家机关及其工作人员必须在宪法和法律规定的职责权限范围内，行使管理国家政治、经济、文化、教育、科技等各项社会事务的权力。它包括行使行政权力的主体合法，行政权力的取得和行使合法，行使行政权力必须承担相应的责任等内容。依法行政的提出既是市场经济体

① 参见《十四大以来重要文献选编》（上），中央文献出版社 2011 年版，第 32—33 页。

② 李瑞环：《在比利时皇家国际关系研究所的讲演》，《人民日报》1994 年 5 月 19 日，第 06 版。

③ 《十五大以来重要文献选编》（上），中央文献出版社 2011 年版，第 27 页。

④ 参见《十六大以来重要文献选编》（上），中央文献出版社 2011 年版，第 25 页。

制改革的必然要求，实现依法治国的应有之义，同时也是中共民主法制建设理念上的重要突破，为今后进一步规范、监督政府行为奠定了思想理论基础。

1997 年，中共十五大报告首次提出了"一切政府机关必须依法行政"的要求，并指出，今后将逐步"实现国家机构组织、职能、编制、工作程序的法定化"，而且将进一步"完善监督法制，建立健全依法行使权力的制约机制"①，这些都是依法行政理念的最初形态。1999 年 7 月，国务院专门召开了全国依法行政工作会议，朱镕基在会上作了《认真贯彻依法治国方略，切实全面推进依法行政》的讲话，强调必须充分认识全面推进依法行政的重要性和紧迫性，从政府机关自身状况和面临的新形势出发，坚决地、全面地推进依法行政。讲话指出当前推进依法行政的重点是要加强政府立法工作，严格行政执法，强化执法监督。并突出强调各级政府要自觉接受同级人大及其常委会的监督，加强行政系统内部的层级监督和专项监督，自觉接受人民群众的监督，接受舆论的监督。② 同年 11 月，国务院下发了《关于全面推进依法行政的决定》，为全面推进依法执政提供了政策依据。《决定》要求各级政府和政府各部门充分认识依法行政的重要性，带头依法行政，提出了依法行政的总的指导思想和要求，并从政府立法、行政执法、执法监督三个层面作出了具体的安排和部署。③

中共对规范政府行为、推进依法行政必要性和可行性的深刻分析，不仅突破了中国传统观念中对政府的认识，改变了中国人对政府行为深信不疑的思维习惯，而且将依法行政的理念与中国特色社会主义制度相结合，探索社会主义条件下实现依法行政的有效路径，从而在理论上进一步丰富了马克思主义民主法制观。与此同时，中共对实现依法行政作出了具体可行的安排和部署，并在实践中不断探索实现依法行政的有效路径和方法，这些探索为依法行政、从而为依法治国的实现积累了宝贵的经验。

六　推动建立中国特色社会主义法律监督机制

法律监督是法律调整的最后阶段，它包括对立法、行政、司法和法律

① 《十五大以来重要文献选编》（上），中央文献出版社 2011 年版，第 29 页。
② 参见《十五大以来重要文献选编》（中），中央文献出版社 2011 年版，第 79—81 页。
③ 同上书，第 218—222 页。

遵守等活动的监督。加强法律监督是现代民主政治的基本内容，也是法治国家建设的必然要求。加强法律监督制度建设同样也是中国民主制度和法律制度建设的重要组成部分。早在改革开放初期，中国共产党和中国政府就迅速恢复了被"文化大革命"期间破坏的正常司法秩序，取消了"革委会"，逐步完善了人民代表大会的法律监督职能、人民法院的审判职能，加强了人民检察院的建设。随着改革开放的逐渐深入和社会主义市场经济体制改革的逐步展开，建立法律监督机制凸显其重要性。

1992 年，中共十四大报告初步设计了中国法律监督体系的基本框架，如"加强人民代表大会及其常委会的立法和监督等职能"；"强化法律监督机关和行政监察机关的职能"；"保障人民法院和检察院依法独立进行审判和检察"。① 1993 年，乔石在八届全国人大常委会一次会议上专门强调："人大监督是整个国家监督体制的重要组成部分。它是代表国家和人民进行的具有最高法律效力的监督"；"常委会要继续把法律实施情况的检查监督放在同立法同等重要的位置，有计划有重点地开展执法检查，并把听取和审议执法检查情况的汇报列入常委会会议议程"。② 同年 9 月，八届全国人大常委会三次会议专门通过了加强对法律实施情况检查监督的规定，对人大法律监督职权作出了具体可行的制度安排。

1997 年，中共十五大报告提出，"要深化改革，完善监督法制，建立健全依法行使权力的制约机制。"③ 江泽民也多次表述了同样的思想，"加强各级党委、人大、政府对执法工作的监督、检查并逐步使其制度化。同时，政法部门也要建立和完善内部的监督制约机制。"④ 可见，将监督制度化，建立中国共产党领导的，以合理分权、相互制约为主要内容的国家权力监督机制已经成为中国特色社会主义制度建设必不可少的组成部分。

此外，除了专门的法律监督之外，中共还强调发挥党内监督、党派监督、群众监督、舆论监督等各种监督形式的重要作用。尽管这些监督形式不具有与国家法律监督同等的法律效力，但它们是国家机关进行法律监督

① 《十四大以来重要文献选编》（上），中央文献出版社 2011 年版，第 24—25 页。
② 同上书，第 222 页。
③ 《十五大以来重要文献选编》（上），中央文献出版社 2011 年版，第 29 页。
④ 《江泽民论有中国特色社会主义（专题摘编）》，中央文献出版社 2002 年版，第 333 页。

的基础，体现了人民群众当家作主，直接参与国家和社会事务，直接监督国家机关及其工作人员的权利，因此，这些监督形式对于建设法治国家同样具有重要意义。

七　基本形成中国特色社会主义法制建设道路

关于中国法制建设道路问题，一部分人认为中国法制建设应该走"权利定向"的道路，以尊重人权为主旨与核心来构建中国法律制度，并主张大量移植国外相关法律制度。[①] 一部分人则坚持改良主义立场，强调加强政府在法制建设中的作用，并通过政府推进来实现法制的发展和完善。[②] 还有一部分人认为中国法制建设应该走自然演进的道路，不能靠政府推进，也不能靠大量移植，而是要靠中国本土资源的自然演化。[③] 也有一部分人主张应该将政府推进与社会自然演进相结合，以政府推进为主，社会自然生成法治为辅。[④]

中共在这个问题上有自己的认识和选择，中共十二大、十三大、十四大、十五大、十六大都明确高举中国特色社会主义的大旗。特别是在中共十四大报告中，江泽民突出强调，"在社会主义的发展道路问题上，强调走自己的路，不把书本当教条，不照搬外国模式……建设有中国特色的社会主义。"[⑤] 这实际上也为中国法制建设走什么样的道路指明了方向。选择一条适合中国国情的社会主义法制建设道路是历史的必然。"我们的民主法制建设必须从我国的实际出发，沿着社会主义的方向和轨道有领导有

---

① 参见江平《完善市场经济法律制度的思考》，《中国法学》1993 年第 1 期；程燎原《论社会主义市场经济的法律体系》，《北京商学院学报》1993 年第 4 期。

② 参见蒋立山《中国法治之路初探》，《中外法学》1998 年第 3、4 期，他专门著文详细探讨了中国为什么要走上政府推进型的法治道路的十二个问题。

③ 参见朱苏力《法治及其本土资源》，中国政法大学出版社 1996 年版，第 17 页，他认为"现代的作为一种制度的法治之所以不可能靠'变法'或移植来建立，而必须从中国的本土资源中演化创造出来，还有一个理由，即知识的地方性和有限性。具体的、适合一个国家的法治并不是一套无背景的原则和规则，而涉及一个知识体系"。

④ 参见舒国滢《中国法治建构的历史语境及其面临的问题》，载刘海年等主编的《依法治国　建设社会主义法治国家》，中国法制出版社 1996 年版，第 382—383 页；刘翰、李林《开创跨世纪法理学研究的新局面》，《法律科学》1998 年第 2 期。

⑤ 《十四大以来重要文献选编》（上），中央文献出版社 2011 年版，第 9 页。

秩序的逐步进行。"① 在中共十六大报告中，江泽民将中国特色社会主义民主政治的基本要求提升为"把坚持党的领导、人民当家作主和依法治国有机统一起来"。这一根本政治原则也成为中国法制建设中需要牢牢把握和严格遵守的根本准则。

由此可见，中国特色社会主义法制建设道路既不走封建的"人治"之路，也不走资本主义的"宪政"之路，而是坚持走立足中国国情，与社会主义政治、经济、文化相适应、相协调的独具特色的发展道路。经过长期探索，以坚持"党的领导、人民当家作主和依法治国有机统一""依法治国与以德治国相结合""依法治国与依法执政相统一"为标志的中国特色社会主义法制建设道路初步形成。

总之，以江泽民为核心的中共第三代中央领导集体在继承前人法制建设成果的基础上，继续围绕中国特色社会主义这个主题，以依法治国方略为引领，正式启动了中国法治建设的征程。从提出建立社会主义市场经济法律体系直至初步建成有中国特色的社会主义法律体系，再到推进依法行政，改革完善司法制度，建立法律监督机制，加强基层民主建设，加大人权保护力度，开展普法教育等，都是中国法治建设的有益探索。在此过程中形成的法律制度也逐步摆脱人治色彩，开始反映和体现现代市场经济条件下自由、平等、公正等法治理念和法治精神。因此，依法治国方略的提出和落实开辟了中国法制建设的新时代。初步发展时期的中国特色社会主义法制思想科学回答了在社会主义市场经济条件下如何发展完善中国特色社会主义法制建设的相关理论和实践难题，完成了由"人治"向"法治"转变的思想飞跃，突破了法制工具理性的局限，实现了法制工具理性与价值理性的统一。这一时期的法制思想既是对中国传统法制文化的继承，也是对马克思主义法学的创新性发展。它为中国特色社会主义法制思想继续向前发展提供了新的视角，开辟了新的领域，是马克思主义法制思想中国化的又一重大理论成果。

---

① 《江泽民同志理论论述大事纪要》（上），中共中央党校出版社 1998 年版，第 250 页。

第 四 章

中国特色社会主义法制思想的
进一步发展（2002—2012）

2002—2012 年是中国特色社会主义法制思想进一步向前发展的历史时期。以胡锦涛为总书记的中共中央领导集体沉着应对新世纪新阶段复杂多变的国际环境和国内局势，从全面建设小康社会的实际出发，提出了一系列关于中国法制建设的新观点和新思想，推动中国特色社会主义法制建设理论走向系统化、成熟化。这一时期的法制思想以全面落实依法治国方略为目标，突出强调尊重和维护宪法权威，主张依宪治国、依宪执政；突出强调"以人为本"，注重维护人民群众的经济、政治、文化、社会、环境等各方面的权利和利益；注重限制政府权力，全面推进依法行政；注重维护社会公平正义，推进司法体制改革；注重对权力运行的制约和监督，加大监督体系建设力度；注重对执政党权力的约束，主张依法执政；注重完善涉及市场经济、民主政治、文化繁荣、社会保障、环境安全等方面的法律法规，并顺利完成了构建中国特色社会主义法律体系的伟大任务，国家和社会生活实现了"有法可依"。进一步发展时期的中国特色社会主义法制思想为中国法制建设理念实现从"法治"向"宪治"转变提供了必要的理论准备，是马克思主义法制思想在 21 世纪的新发展。

第一节　中国特色社会主义法制思想
进一步发展时期的背景分析

中共十六大以来，以胡锦涛为总书记的中共中央领导集体就改革开放和社会主义建设新阶段所面临的一些重大法制问题作出了新的思考、新的判断，推动中国特色社会主义法制思想不断向前发展。进一步发展时期的中国特色社会主义法制思想以科学发展观为理论核心，以构建和谐社会和法治国家为目标，涵盖了社会主义法治理念、宪治制度及其运作、市场经济法律秩序、社会保障、生态环境保护等社会生活的各个方面，主题鲜明、富有时代气息。这一时期的法制思想是对马克思主义法制思想、毛泽东法制思想及改革开放以来中国特色社会主义法制思想的继承和发展，是马克思主义法制思想中国化的重要理论成果。这一理论成果的形成有着复杂的国际国内背景。

一　中国特色社会主义法制思想进一步发展时期的国际背景

（一）世界主流发展理念的转变为中国特色社会主义法制思想进一步发展提供了方向指引

发展是世界各国面临的主要任务，各国所选择的发展模式、发展道路、发展战略，乃至确保发展的法律制度都是以一定的发展理念为理论支撑和精神指引的。特别是二战之后工业化国家经济持续、高速增长，给资源环境的承载力带来了沉重压力，加之国际垄断资本主义不断扩张，造成了全球性的生态灾难，人们不得不反思这种工业化进程存在的弊端。许多专家学者纷纷著书对原有的发展方式提出质疑和批判。法国著名学者弗朗索瓦·佩鲁提出的"新发展观"，1979 年 8 月被联合国教科文组织采用，并将其明确为"整体的、综合的、内生的发展观"。1972 年联合国人类环境研讨会上讨论并提出了"可持续发展"，这一概念得到许多国家认可和采纳。1987 年世界环境与发展委员会出版的《我们共同的未来》，对可持续发展的概念作了界定，这一定义被世界各国广泛接受并引用，成为指导人类发展的最重要的理念。西方马克思主义学者在运用马克思主义基本原理研究资本主义社会出现的新情况新变化时，提出了只有通过生态革命，改变资本主义商品生产和消费形式，改变资本主义生活方式，建立生态社会主义，才能恢复和维持生态系统的平衡，进而形成一个生态马克思主义学派。可见，国外关于发展的理论经历了一场深刻的转变，基本实现了从单一到综合、从重物到重人、从局部到整体、从对社会和人的单向关注到人与自然和谐相处的根本转变。

发展理念的转变也给法制建设带来了深刻的影响，运用国际法维护并建立公正、合理的国际政治经济新秩序，已经成为世界各国政府和各国人民的共识和目标。各国学者对国际法的研究空前活跃，国内法与国际法出现彼此融合与相互依存的趋势。一方面，许多国家纷纷争取机会深入参与国际规则的制定，为创造有利的国际环境贡献力量；另一方面，积极运用国际条约妥善处理涉及本国的问题，维护本国合法权益。国际条约、国际惯例的规定也被世界各国国内法视为法律的渊源之一。遵守和履行国际条约成为普遍的国际义务，有的选择直接适用国际法的规定，有的则通过将国际法的规定"转化"为国内法以确保它的执行。如，有关可持续发展与环境保护方面不少国家就是如此。

（二）全球性问题凸显对中国特色社会主义法制思想进一步发展提出了新要求

进入 21 世纪之后，经济全球化不断向纵深发展，不仅各种生产要素在全球范围内流动，而且技术交流与合作、产业转移与调整也开始在全球范围内推进。同时，生态恶化、环境失衡、资源枯竭等一系列全球性问题日益凸显，包括经济、科技、政治、社会、生态风险在内的全球性风险不断蔓延。1997 年的亚洲金融危机、2008 年的国际金融危机、2011 年日本核电站爆炸、2003 年流行的"非典"等都是全球风险爆发的典型案例。转变发展方式成为世界发展问题的重心。中国作为最大的发展中国家也无法脱离这一大的国际环境，如何通过国际合作和国内制度的规范、调整达到减少全球性问题频发、预防全球化风险的目的，是包括中国在内的所有国家都必须承担的国际责任，这对所有国家的法制建设都提出了新的要求。通过严格立法，限制和禁止各种可能引发风险的行为，建立风险事件应急和预警机制，增强人们预防风险的意识及应对风险的能力等已经成为世界各国政府和各国人民的共识。

全球性问题的凸显和全球性风险事件增多，给世界各个国家的国内立法带来了很大的影响，中国在发生"非典""冰灾""地震""雾霾""食品安全"等风险事件及受国际金融危机影响后，采取了一系列有效措施加强风险防范，其中最重要的措施就是立法，加强风险立法成为法制建设中不可或缺的内容。

（三）"和谐世界"理念的提出，为中国特色社会主义法制建设增添了新的内容

面对 21 世纪世界出现大调整、大变革的局势，以胡锦涛为总书记的中共中央领导集体在对国际形势作出新认识、新判断的基础上，提出了构建"和谐世界"的理念。进入 21 世纪后，人类社会仍不安宁，霸权主义和强权政治仍然在威胁着人类的和平与安全，地区冲突和局部矛盾时有发生，世界经济失衡不断加剧，南北国家之间的差距越来越大，各种不安全因素相互交织，给世界和平与发展造成了新的威胁。尽管如此，世界向多极化方向发展的趋势依然没有改变，全球性的经济合作越来越广泛、越来越深入。求和平、谋发展、促合作的时代潮流仍然在向前发展。为了争取有利于本国发展的国际环境，分享世界发展的大好机遇，中国主张建设一个持久和平、共同繁荣的"和谐世界"。这一理念是胡锦涛在 2006 年 8 月召开的中央外事工作会议上提出的，中共十七大报告正式将其写进了党的文献。"和谐世界"理念是中国共产党基于对中国文化传统中系统观、整体观的深刻认识而提出关于全球政治伦理、法律与国际关系建设的理念，它不仅解决了中国发展道路的问题，也为建立全球国际政治伦理与国际秩序提供了指导原则，得到了发达国家与发展中国家的普遍赞同。

在这一理念的指引下，中国始终不渝地奉行互利共赢的开放战略，在自觉遵循联合国宪章宗旨、原则，严格遵守国际法及国际关系准则、规定的前提下，走和平发展道路。在政治建设上，倡导世界各国互相尊重、平等协商；在经济发展领域，主张世界各国相互合作、普惠共赢；在文化合作中，倡导世界各国相互借鉴、共同繁荣；在安全问题上，主张世界各国相互信任、和平解决争端；在环境保护中，倡导世界各国互相帮助、共同呵护地球家园。很明显，这些理念和主张都需要通过制定具体国际条约才能落到实处。与此同时，处理国际关系理念和政策的发展变化也对本国法制建设的进展程度产生了深刻影响。在对外开放条件下，中国法制建设的内容已不仅仅限于国内法体系，当然也得包括国际法体系。不仅如此，国家为了自身的利益，在国内立法中必然要考虑国际形势的特点、国际法律规则的发展和运用，并不断将一些国际规则内化为本国法律。应对法制建设的新特点也成为中国参与全球化过程中不可避免的问题。

二　中国特色社会主义法制思想进一步发展时期的国内背景

（一）中国发展的阶段性特征为中国特色社会主义法制思想进一步发展提供了现实基础

进入全面建设小康社会新阶段之后，中国经济社会发展表现出了一些新的特点。例如，经济发展中的结构性矛盾突出，发展方式粗放，自主创新能力不强，生产力总体水平不高；经济体制中存在的一些深层次体制机制问题没有解决；国民收入分配差距过大，两极分化严重，贫困人口和低收入人口还占有相当的比重，利益协调难度较大；农业、农村发展相对滞后，城乡、地区差距还很大；民主法制建设有待加强，政治体制改革急需向深层次推进；人们对精神文化的需求日益提高；社会管理和社会建设面临诸多问题；国家在日趋激烈的国际竞争中面临巨大的经济科技压力和风险；国内环境问题加剧等，这些都是进入新的发展阶段后国家建设面临的难题，也是中国在全面参与经济全球化的新形势下，实现国家经济社会持续发展必须解决的问题，这些问题和矛盾成为中共中央作出科学发展决策的根本依据。

这些新问题深刻影响着中共未来的发展理念，也促使中国法制建设开始转型。如，在科学发展观指引下，社会建设作为重要内容被纳入中国特色社会主义事业总体布局当中，与此相适应，社会建设方面的法律制度也成为中国特色社会主义法律体系中不可缺少的重要组成部分，需要不断发展和完善；为了建设资源节约型和环境友好型社会，使人民在良好生态环境中生产生活，加快生态环境保护方面的立法就显得非常紧要，这一时期关于生态环境保护方面的法律制度发展非常迅速；为了革除一些阻碍发展的体制机制障碍，加快推进政治体制改革，实现依法行政，依法执政，完善制约和监督权力的机制，继续深化司法体制改革，建设公正、高效、权威的社会主义司法制度也迫在眉睫。法制建设是为社会主义现代化建设服务的，用制度解决发展中产生的问题是现代法治国家进行社会治理的基本手段。中国在实现现代化的过程中越来越认识到法制建设的重要性，并注重适时将政策上升为法律，以法律的形式贯彻执政党的意志成为政党执政的基本方式。可见，一个国家所处的发展阶段决定了执政党的发展理念，执政党的发展理念进而影响着国家法制建设的内容和方向。

（二）完善社会主义市场经济体制为中国特色社会主义法制思想进一步发展提供了动力源泉

中共十六大提出了用 20 年时间建立一个惠及全民的、更高水平的小康社会的宏伟目标。而决定这一目标能否实现的关键性因素是中国能否从根本上实现经济发展方式的转变。虽然改革开放以来中国经济体制改革取得了重大进展，市场经济体制已经初步建立。但是，随着经济的持续发展和改革的不断深化，一系列矛盾和问题日益凸显。特别是产业结构不合理、分配方式及分配关系不顺畅、低收入人群收入增长缓慢、就业形势严峻、资源环境压力增大等问题非常突出。加快改革步伐，进一步解放和发展生产力，为经济社会发展注入强大动力迫在眉睫。因此，中共十六届中央领导集体首当其冲的就是进一步建立健全社会主义市场经济体制，包括"完善公有制为主体、多种所有制经济共同发展的基本经济制度；建立有利于逐步改变城乡二元经济结构的体制；形成促进区域经济协调发展的机制；建设统一开放竞争有序的现代市场体系；完善宏观调控体系、行政管理体制和经济法律制度；健全就业、收入分配和社会保障制度；建立促进经济社会可持续发展的机制"[1]。一系列新的改革任务为未来经济社会发展指明了基本方向，也为未来的法制建设提出了更高的要求。

实现国民经济又好又快发展，除了要不断深化体制改革之外，还必须注重从健全制度上着手，用制度来保证市场在资源配置中的决定性作用。首先，要建立权、责、利明确清晰的现代产权制度，健全国有资产监管制度，健全农村土地制度，探索建立城乡劳动者平等就业制度。其次，要不断完善市场交易法律制度，废止妨碍公平竞争、设置行政壁垒、排斥外地产品和服务的各种不合理规定，保障合同自由和交易安全，规范市场秩序。再次，要完善财政预算、税收征收、金融投资等市场调节和监管方面的法律法规。此外，还要完善劳动就业及社会保障等方面的法律制度等。可见，随着市场经济体制改革的不断深入，对法制的完善程度要求越来越高，充分反映了市场经济就是法制经济的内在特征。

---

① 《十六大以来重要文献选编》（上），中央文献出版社 2011 年版，第 465 页。

（三）科学发展观为中国特色社会主义法制思想进一步发展奠定了理论基础

科学发展观是进入新世纪新阶段后中共治国理政的基本指导思想。这一概念最早由胡锦涛在 2003 年视察广东抗击"非典"时提出，随后在十六届三中全会上被概括为"坚持以人为本，树立全面、协调、可持续的发展观，促进经济社会和人的全面发展"①。科学发展涵盖的范围非常广泛，包括城市与农村、东部与西部、国内与国外、人与自然、经济与社会等各个方面的均衡协调发展。在 2004 年全国人口与资源环境工作会议上，胡锦涛对科学发展观的概念逐字逐句作了系统全面的阐述。中共十七大正式提出，"科学发展观，第一要义是发展，核心是以人为本，基本要求是全面协调可持续，根本方法是统筹兼顾。"② 并第一次将衡量经济发展的指标从"经济总量"转变为"人均指标"，将"GDP"转换成了"绿色GDP"。科学发展是生产力和生产关系、经济基础和上层建筑、经济发展和人口、资源、环境相协调的发展，其根本目标是实现和维护人民群众的根本利益。科学发展观是建设中国特色社会主义必须坚持的重大战略方针，也是中国法制建设必须遵循的基本指导思想。

在科学发展观的指引下，重视民生、以人为本的法制观日益形成。不仅立法内容要充分体现广大人民群众的共同意志和利益，而且在立法程序上也要充分体现公民的有序参与。立法工作除了坚持民主、科学原则外，还要保持法律体系内部的协调发展，正确处理好数量与质量、权力与权利、法律的稳定性与改革过程的变动性之间的关系，统筹兼顾全局与局部、个别与一般的关系。立法必须从国家的全局利益、长远利益、根本利益出发，以最大多数人的最大利益为着眼点，充分考虑不同地区和部门的实际问题和具体利益，因时、因地制宜，不断提高社会主义立法的针对性和可操作性。③ 在科学发展观的指引下，执法和司法过程中也要着眼于人、服务于人，真正将"以人为本"作为立法、执法、司法的核心理念。

①　《十六大以来重要文献选编》（上），中央文献出版社 2011 年版，第 465 页。
②　《十七大以来重要文献选编》（上），中央文献出版社 2009 年版，第 11—12 页。
③　参见吴占英《坚持科学发展观　不断完善社会主义法律体系》，《光明日报》2008 年 9月 17 日，第 07 版。

胡锦涛说：“政法工作搞得好不好，最终要看人民满意不满意。要坚持以人为本，坚持执法为民，坚持司法公正，把维护好人民权益作为政法工作的根本出发点和落脚点，着力解决人民最关心、最直接、最现实的利益问题，为人民安居乐业提供更加有力的法治保障和法律服务。”① 科学发展观的提出，深化了社会主义法治理念，充分反映了新世纪新阶段法制建设的总目标和总要求。

（四）和谐社会理念为中国特色社会主义法制思想进一步发展提供了价值目标

中共十六大报告首次将“社会更加和谐”作为中国在新世纪新阶段社会发展的重要目标提出。中共十六届六中全会以专门决定的形式详细阐述了构建社会主义和谐社会的指导思想、基本原则、目标任务、制度保障等一系列重要问题。构建和谐社会是中国经济社会发展进入关键时期的客观要求和必然选择。它是“民主法治、公平正义、诚信友爱、充满活力、安定有序、人与自然和谐相处”② 的社会。构建和谐社会是一个系统工程，涉及国家建设方方面面的内容。从法治的角度来看，构建和谐社会就是将依法治国方略落到实处，用制度保障社会生活各个环节的井然有序。

和谐社会首先是民主与法治的社会。充分发扬社会主义民主，尊重人民群众的首创精神，发挥人民群众的积极性是构建社会主义和谐社会的基本要求。以法治为基石，通过法律规范组织、引导人们的行为，及时、有效地解决各种社会矛盾和纠纷，是确保社会安定团结、和谐有序的基本方式。法律是所有社会规范中最具有明确性、确定性和国家强制性的行为规则，依照法律规则治理社会，推动社会活动制度化、规范化是构建和谐社会的根本制度保障。充分发挥法制在构建和谐社会中的重要作用，必须从以下几个方面着手：首先，要不断完善立法，为实现公平正义、构建和谐社会提供完备的制度基础。其次，要不断健全解决纠纷的多元机制，通过和解、调解、仲裁、诉讼等法律途径确保人民权利救济的最终实现。再

---

① 胡锦涛：《扎扎实实开创我国政法工作新局面——在同全国政法工作会议代表和全国大法官、大检察官座谈会上的讲话》，《人民日报》2007 年 12 月 16 日，第 01 版。

② 胡锦涛：《在省部级主要领导干部提高构建社会主义和谐社会能力专题研讨班开班式上的讲话》，《人民日报》2005 年 2 月 20 日，第 01 版。

次，要不断改进执法方式，推进依法行政，建立法治政府。复次，要不断深化司法体制改革，破除制约司法正义的体制机制，真正实现司法为民。最后，还要不断加强法制宣传教育，弘扬法治精神，提高全社会的法制意识，最终形成人人守法用法的良好氛围。构建和谐社会离不开法治建设，构建和谐社会也能够进一步促进国家法治建设。

第二节　中国特色社会主义法制思想在进一步发展时期的基本内容

进一步发展时期的中国特色社会主义法制思想主要指以胡锦涛为总书记的中共中央领导集体关于如何在全面建设小康社会的新形势下继续推进中国法制建设的思想、理论、观点的总和。它是中国特色社会主义法制思想的重要组成部分，是马克思主义法制思想在新世纪新阶段中国化的重要理论成果。

一　在社会主义政治文明视域下，全面落实依法治国基本方略

政治文明是人类政治生活的进步状态和政治发展取得的成果之统称，它是随着生产力和生产关系的不断发展，人类社会对上层建筑领域发展提出的必然要求。现代政治文明强调以权利为核心，以协商为导向，建立一整套政治运行规则以保证各种政治行为在既定秩序下有序进行。政治文明的本质在于保障公民充分享有对国家事务的参与权和管理权。中共十六大提出："发展社会主义民主政治，建设社会主义政治文明，是全面建设小康社会的重要目标。"① 中共十七大继续将"发展社会主义政治文明"② 作为重要任务加以部署。将依法治国置于社会主义政治文明视域下来思考和布局，是法治建设贯彻落实科学发展观的必然要求，也是这一时期法制思想独具特色之处。以确保人民参与管理国家事务为核心，全面落实依法治国基本方略是中国特色社会主义法制思想进一步发展时期的主线。围绕这一主线，许多重要的思想理念和制度设计蜂拥而出。

---

① 《十六大以来重要文献选编》（上），中央文献出版社 2011 年版，第 24 页。
② 《十七大以来重要文献选编》（上），中央文献出版社 2009 年版，第 22 页。

（一）发挥宪法保障作用，首次提出"依宪治国"

宪法是国家的根本大法，是人民权利的保障书，是治国安邦的总章程，也是实现国家统一、民族团结、经济发展、社会进步和长治久安的法律基础。中华人民共和国宪法为改革开放和社会主义现代化建设提供了根本制度保障，为社会主义民主政治发展提供了制度基础，为社会主义法制建设提供了根本依据，为社会主义人权事业和各项社会事业的进步提供了根本保障。胡锦涛在宪法公布实施 20 周年纪念大会上指出，"实行依法治国的基本方略，首先要全面贯彻实施宪法。"① 之后，他在全国人民代表大会成立 50 周年纪念大会上首次明确提出："依法治国首先要依宪治国，依法执政首先要依宪执政。"② 突出强调宪法的重要作用是中共进入 21 世纪后对依法治国理念的进一步发展。重视宪法的贯彻落实是中国特色社会主义法治建设的重要内容。

尽管近年来中国宪法的实施状况得到了很大程度的改善，依据宪法和法律办事正在成为普遍的社会行为习惯。但是，由于制度、体制机制不健全以及执法人员自身素质等问题，有法不依、执法不严、违法不究的问题还很多，不同程度的违宪现象依然存在。尊重宪法、维护宪法权威，使宪法的规定不仅仅停留在字面上，首先必须健全宪法保障制度，确立宪法实施监督机制，确保宪法规定能够落到实处。在中国，尤其是要充分发挥全国人民代表大会监督宪法实施的作用。通过完善相关体制、机制、制度保证人民群众监督执法者的权利，是全面贯彻落实宪法最根本、最有效的途径。其次，宪法的权威要得到充分尊重就必然要求执政者遵守宪法。在一党执政的条件下，中共必须要求全体党员带头学习宪法、践行宪法，将宪法作为基本行为准则。再次，全面贯彻落实宪法，还要加强宪法宣传教育，提高公民宪法意识，注重培养党政国家机关工作人员忠于宪法、遵守宪法、维护宪法的自觉意识。近些年来，在国家的倡导和推动下，中国社会尊重和维护宪法权威的习惯和氛围正在形成，法治中国建设的步伐正在稳步前进。

---

① 《十六大以来重要文献选编》（上），中央文献出版社 2011 年版，第 73 页。
② 《十六大以来重要文献选编》（中），中央文献出版社 2011 年版，第 225 页。

（二）发展人民民主权利，推进民主制度化、规范化

人民当家作主是社会主义民主政治的本质要求，中国共产党历来以实现和发展人民民主为己任，人民代表大会制度、政治协商制度、民族区域自治制度、村民自治制度、城市居民自治制度等都是中国共产党带领人民探索民主建设的制度成果。中共十六届中央领导集体继续将推进民主政治制度化、规范化、程序化作为国家加强制度建设的重要目标。突出强调要继续完善人大、政协、民族区域自治制度，扩大公民有序的政治参与，保证人民享有广泛的权利和自由。同时，十六大报告明确指出，"党内民主是党的生命，对人民民主具有重要的示范和带动作用。"[1] 十六大之后的五年里，中共中央先后通过了《关于健全和完善村务公开和民主管理制度的意见》《中国共产党党员权利保障条例》《关于进一步推行政务公开的意见》《中共中央关于加强人民政协工作的意见》《国务院关于加强和改进社区服务工作的意见》等文件，一系列改革措施将社会主义民主政治建设逐步推向深入。中共十七大提出了"人民民主是社会主义的生命"[2] 的重要论断，并正式将中国特色社会主义民主政治的基本形式补充为包括基层群众自治制度在内的四大制度。紧接着，在中共十七届二中全会上，胡锦涛专门作了"发展社会主义民主政治"的讲话，他说："我们要始终牢记，发展社会主义民主政治是党始终不渝的奋斗目标，必须更高地举起人民民主的旗帜"；"我们要始终牢记，中国特色社会主义政治发展道路是我国发展社会主义民主政治的正确道路，必须更加坚定不移地走中国特色社会主义政治发展道路"；"我们要始终牢记，政治体制改革是社会主义政治制度自我完善和发展，必须深化政治体制改革"。[3] 这"三个始终牢记"为中国特色社会主义民主政治建设指明了方向，在中国民主政治建设史上具有重要地位。经过梳理可以发现，以"三个始终牢记"为指导、以"四大基本制度"及党内民主制度为依托的中国特色社会主义民主政治发展道路已经形成。

（三）加强对执政党的制度约束，提出"依法执政"

执政党与法制之间的关系问题一直是中国政治体制的要害问题。执政

---

① 《十六大以来重要文献选编》（上），中央文献出版社 2011 年版，第 39 页。

② 《十七大以来重要文献选编》（上），中央文献出版社 2009 年版，第 22 页。

③ 同上书，第 235—237 页。

党的行为能否受到法律的普遍约束在某种程度上决定了中国能否顺利实现建设法治国家的目标。改革开放以来，每一届中共领导集体都将这一问题放在突出重要的位置来思考和解决。中共十六大报告中首次提出了面对执政条件和社会环境的深刻变化，中共要不断加强包括依法执政在内的各项执政能力建设的重大任务。① 胡锦涛在纪念全国人民代表大会成立 50 周年大会上再次强调了这个问题，他说："依法治国……关键是依法执政、依法行政、依法办事、公正司法"，"依法执政首先要依宪执政"。② 在这次讲话中，中共首次明确提出了"依宪执政"的理念。紧接着，中共十六届四中全会对依法执政作了全面、深入的阐述。《决定》指出，依法执政是新的历史条件下党执政的一个基本方式，依法执政的能力是党的执政能力建设的重要内容。贯彻依法治国基本方略要求中共必须不断提高依法执政的水平，包括加强党对立法工作的领导，带头维护宪法和法律的权威，督促、支持和保证国家机关依法行使职权，加强和改进党对政法工作的领导等多方面的内容。③ 中共十七大、十七届四中全会要求全党以"科学执政、民主执政、依法执政"为指引，继续深化党的领导方式和执政方式改革，提高党的执政能力。依法执政是中国共产党在新的时代条件下，根据世情、国情、党情的深刻变化，以及党自身面临的巨大考验（长期执政的考验、改革开放的考验、市场经济的考验、外部环境的考验）提出的全新的执政理念。它是对邓小平民主法制理论的丰富和发展，也是对依法治国基本方略的进一步深化。依法执政理念的提出反映了中国共产党"立党为公、执政为民"的本质要求，体现了中国共产党对执政规律的科学认识和自觉运用，也代表着中国共产党追求法治、反对人治的精神。依法执政是依法治国的核心内容，是建设社会主义政治文明的关键环节。执掌国家权力的中国共产党只要始终不渝地坚持依法执政，建设社会主义法治国家的目标一定能够实现。

---

① 《十六大以来重要文献选编》（上），中央文献出版社 2011 年版，第 39 页。
② 《十六大以来重要文献选编》（中），中央文献出版社 2011 年版，第 224—225 页。
③ 同上书，第 281 页。

（四）注重规范政府行为，提出"全面推进依法行政，建设法治政府"

依法行政是行政管理法制化的简称，主要指行政机关及其工作人员行使管理国家公共事务的权力必须按照法律规定的权限范围进行。它是现代国家行政管理的基本模式，也是一个国家能否实现法治的关键所在。实施依法行政既是市场经济发展的客观要求，也是现代国家行政管理民主化的必然趋势，它的实现状况代表着一个国家政治文明的发展程度。自依法治国方略提出之后，中共就在不断地探索推进实施依法行政的方案和路径。1999 年 11 月，国务院就颁布了《关于全面推进依法行政的决定》，对建设廉洁、勤政、务实、高效的政府作出了全面规划和部署。中共十六大再次明确提出要"加强对执法活动的监督，推进依法行政"[1]，并将依法行政作为全面建设小康社会的重要任务加以部署。2004 年 3 月，国务院专门印发了《全面推进依法行政实施纲要》，对全面推进依法行政的基本要求和主要任务作出了深入细致的安排。《纲要》提出要用十年左右的时间基本实现法治政府的建设目标，即建立规范协调、透明高效的行政管理体制；规范有效的行政立法体制；权责明确、行为规范的行政执法体制；科学、民主、规范的行政决策机制；高效便捷、成本低廉的防范、化解社会矛盾机制；效能健全的行政监督机制及高水平的行政执法队伍和良好的依法行政氛围等[2]，从而为全面推进依法行政、建设法治政府描绘了美好蓝图。紧接着，"加快建设法治政府，全面推进依法行政"被写入《中华人民共和国国民经济和社会发展第十一个五年规划纲要》，作为经济社会发展的重要内容确定了下来。在中共十六届六中全会上，依法行政再次被作为构建社会主义和谐社会的法治基础加以强调。中共十七大上，胡锦涛特别强调，今后五年是全面建设小康社会的关键时期，要继续深入落实依法治国基本方略，努力建设法治政府。[3] 为了将依法行政继续推向深入，2008 年 5 月，国务院下发了《关于加强市县政府依法行政的决定》，该决定指出，加强市县政府依法行政是建设法治政府的重要基础，依法行政的

---

① 《十六大以来重要文献选编》（上），中央文献出版社 2011 年版，第 26 页。
② 《十六大以来重要文献选编》（中），中央文献出版社 2011 年版，第 4—5 页。
③ 《十七大以来重要文献选编》（上），中央文献出版社 2009 年版，第 15 页。

重点在基层，难点在基层。并就提高市县政府依法行政的能力和水平，推动市县一级政府依法行政作出了详细的部署。① 沿着自上而下的路径，通过不断地深化行政管理体制改革，健全监督机制，强化责任追究，坚持用制度管权、管事、管人，既提高了政府的执行力和公信力，也扎实推进了依法行政的进程，为法治政府乃至社会主义政治文明建设作出了巨大的贡献。

（五）推进司法体制改革，完善中国特色社会主义司法制度

自中共十一届三中全会以来，中国司法体制和司法制度得到了逐步恢复和重建。随着改革开放的深入推进和法制实践的不断发展，中国司法体制改革也逐步在新的时代背景下不断展开，并继续向更深层次发展。中共十五大提出要"推进司法改革，从制度上保证司法机关依法独立公正地行使审判权和检察权"②，为中国司法体制改革吹响了号角。进入 21 世纪以来，面对新的境况和机遇，中共十六大全面提出并详细部署了司法体制改革的任务，促使中国司法体制改革进入了新的发展阶段。中共十六大报告指出，要进一步"完善司法机关的机构设置、职权划分和管理制度，进一步健全权责明确、相互配合、相互制约、高效运行的司法体制……改革司法机关的工作机制和人财物管理体制，逐步实现司法审判和检察同司法行政事务相分离"③，为中国司法体制改革指明了方向。为了贯彻落实这一精神，中共中央成立了司法体制改革领导小组，专门负责此项工作。最高人民法院于 1999 年和 2005 年先后颁布了《人民法院五年改革纲要》和《人民法院第二个五年改革纲要》，最高人民检察院也于 2005 年颁布了《关于进一步深化检察体制改革的三年实施意见》，推动司法体制改革开始进入体制性改革的阶段。在此基础上，中共十七大报告提出要"建设公正高效权威的社会主义司法制度"。④ 随后，中共中央批准和转发了《中央政法委员会关于深化司法体制和工作机制改革若干问题的意见》，人民法院于 2009 年颁布了《人民法院第三个五年改革纲要》（2009—

---

① 《十七大以来重要文献选编》（上），中央文献出版社 2009 年版，第 414—415 页。

② 《江泽民文选》（第二卷），人民出版社 2006 年版，第 31 页。

③ 《十六大以来重要文献选编》（上），中央文献出版社 2011 年版，第 27 页。

④ 《十七大以来重要文献选编》（上），中央文献出版社 2009 年版，第 24 页。

2013)，最高人民检察院也发布了新的三年检察改革方案。这一轮司法改革更加突出坚持司法改革的正确政治方向，更加突出从社会主义初级阶段司法国情条件出发，更加突出强调满足人民群众对司法工作的新需求，更加突出维护社会公平正义的生命线，更加突出破解司法难题。①

（六）加强对权力的制约，建设中国特色社会主义监督体系

改革开放以来，特别是在发展社会主义市场经济的新形势下，中共对执政条件下如何加强对权力的制约监督高度重视。以邓小平为核心的中共第二代中央领导集体提出了"一手抓经济建设，一手抓打击犯罪"的思想，主张加强人民代表大会的法律监督权，在党内设立纪律检查委员会，以确保对权力的有效制约和监督。以江泽民为核心的中共第三代中央领导集体，在继续完善原有制度的基础上，坚持"标本兼治、综合治理"，注重通过建立完备的法律监督机制确保权力的正常运行，并不断完善其他监督方式作为国家法律监督的补充。经过多年的探索实践，基本建立了一套包括党内监督、行政监督、法律监督、群众监督、民主党派监督和舆论监督等在内的监督体系。中共十六大将"加强对权力的制约和监督"作为社会主义政治文明的重要组成部分作出了规定。中共十七大再次将"完善制约和监督机制"作为建设社会主义民主政治的重要内容进行了专门部署。报告指出，"要坚持用制度管权、管事、管人，建立健全决策权、执行权、监督权既相互制约又相互协调的权力结构和运行机制。"②

按照这一要求，监督工作逐步走上了通过改革体制机制，加大从源头上制约权力的新路子。一方面不断深化行政管理体制改革，加快转变政府职能，减少行政审批，完善预算管理，规范党政机关福利待遇，建立健全信用制度，推进垄断行业改革等，从源头上遏制权力腐败；另一方面不断健全行政机关内部监督制约机制（包括行政审批监督机制，金融监管机制，审计监督等），拓宽党内民主渠道，完善党内监督机制（包括党代会监督、纪委监督等），扩大人民民主，发挥群众监督（包括述职述廉制度、质询制度、民主评议制度、信访制度等），运用外部手段来约束和监

---

① 参见公丕祥主编《马克思主义法学中国化的进程》，法律出版社 2012 年版，第 339—340 页。

② 《十七大以来重要文献选编》（上），中央文献出版社 2009 年版，第 25 页。

督权力运行。以党内监督、行政监督、法律监督为主体，以群众监督、民主党派监督和舆论监督为补充的中国特色社会主义监督体系逐步完善起来。例如，在法律监督方面，国家特别重视完善人民代表大会常务委员会的法律监督。吴邦国在 2004 年 3 月的全国人大常委会工作报告中指出，"加强监督工作是全国人大及其常委会的又一项重要职责，要以增强监督实效为核心，有重点地开展监督工作，探索和完善监督方式和监督机制，促进依法行政和公正司法。"① 2006 年 8 月，第十届全国人大常委会二十三次会议通过了《中华人民共和国各级人民代表大会常务委员会监督法》，对各级人民代表大会常务委员会的监督权限、行使监督权的程序作出了详细的规定，使法律监督走上制度化、规范化的道路。

二 以人为本，切实保障人民群众的政治、经济、文化、社会权益

以人为本是科学发展观的本质与核心，这里的"人"指的是人民群众及人民群众的根本利益。科学发展观是以实现人的全面发展为目标，以保障人民群众的经济、政治、文化、社会权益为宗旨的战略思想。法制作为中国特色社会主义的重要组成部分，也必须以科学发展观为指导，凸显以人为本的理念。中共十六大以来，无论是立法、执法、司法活动都反映了以人为本的精神，体现了以维护好、实现好、发展好人民权益为根本出发点的"法治观"。本书仅从制度建设的角度列举几个重要的保障人民群众权益的标志性事件。

（一）"尊重和保障人权"载入宪法

所谓人权，是指人人自由、平等地生存和发展的权利，或者说，是人人基于生存和发展所需要的自由、平等的权利。② 新中国人权事业的进步是在世界人权发展的大背景下展开的，尽管其间经历了艰难和曲折，但是以宪法为核心，以实体法和程序法为基本支柱，以单行法、行政法规、地方性法规为辅助的中国特色社会主义人权保障体系正在形成。特别是在中共十五大报告将"尊重和保障人权"第一次写进了中国共产党的文件之后，"尊重和保障人权"已经成为中国民主政治建设的重要内容。2002

① 《十六大以来重要文献选编》（上），中央文献出版社 2011 年版，第 874 页。
② 参见董云虎、常健主编《中国人权建设 60 年》，江西人民出版社 2009 年版，第 2 页。

年，中共十六大报告重申"尊重和保障人权"是社会主义政治文明建设的重要目标。2004 年通过的中华人民共和国宪法修正案增加了"国家尊重和保障人权"① 的规定，标志着人权在中国获得了至高无上的地位，成为国家意志。

人权入宪在中国有多重意义。首先，人权入宪意味着尊重和保障人权已经成为中国宪治的重要目标。从此，人权、民主、法治成为中国立宪政治的最高原则。其次，人权入宪使宪法关于公民基本权利的总体性规定更加完整，这样不仅赋予公民权利新的含义，而且完善了公民权利保障的原则和体系，成为整部宪法有关人权内容的统率，从而对宪法的基本精神和未来发展产生了导向性影响。再次，从制度建构的角度看，人权原则入宪后，可以为国家立法、执法、司法等权力的运行提供原则约束，通过宪法的实施和运行，以及全国人大及其常委会对宪法实施的监督，人权保障条款可以得到最终落实。最后，人权概念和人权原则进入宪法体现了中国对本国宪法及法律的价值取向作出了重要发展，人权成为宪法法律实施、解释及监督的重要价值尺度。改革开放 30 多年来，中国人权事业取得了巨大进步，13 亿中国人的生活水平得到了大幅度的提高，实现了从贫困到温饱再到小康的巨大飞跃；公民的政治权利在民主与法制的轨道上不断扩大，政治参与度不断提高；公民的就业、医疗、养老、教育、文化、卫生、环境等各项社会权利都得到了不同程度的改善，这些都直接体现了"尊重和保障人权"给人民群众带来的现实利益。

（二）完善选举立法，充分保障公民的选举权

选举权是公民最重要的政治权利，它是指公民依照法律规定享有参加选举的权利，包括参加提名代表候选人，参加选举权讨论、酝酿、协商代表候选人名单，参加投票选举等。选举权不仅与人民主权密切相联，而且与国家权力息息相关，选举权直接产生出国家权力的载体——国家机关。从某种意义上说，选举权是公民权利与国家权力之间的桥梁，没有选举权，国家权力的大厦便无从建立。在社会主义国家，选举权实现的载体是人民代表大会制度，定期举行选举是人民代表大会制度运行的关键环节。新中国成立以来，历届中央领导集体都非常重视通过完善相关制度来保障

---

① 《十六大以来重要文献选编》（上），中央文献出版社 2011 年版，第 891 页。

公民的选举权利，早在 1953 年国家就颁布了第一部《选举法》以规范各级人民代表大会代表的选举。为了清理"文化大革命"期间的专制与特权，恢复被压制已久的公民权利和自由，建立正常的政治生活秩序，1979年国家对选举法进行了重新修订。在之后的 30 多年里该部选举法历经了5 次修改，其中 2010 年选举法修正案最受瞩目。首先，这部修正案打破了自 1953 年以来形成的中国农村和城市每一名全国人大代表所代表的人口数比例不相等的惯例，确立了城乡按相同人口比例选举代表的原则，真正消除了城乡差别，实现了"同票同权"。其次，该修正案规定各级人民代表大会的代表中应当有适当数量的基层代表，特别是工人、农民和知识分子代表，从制度上确保基层代表的数量，着力解决代表中"官多民少"的现象，从而扩大人民代表大会制度的民主基础。再次，为了更有效地保障选民自由地表达自己的意志，规定选举时应当设有秘密写票处；为了使选民深入了解候选人，规定选举委员会根据选民的要求，应当组织代表候选人与选民见面；为了维护选举的公平公正，加大了对"贿选"等违法行为的查处力度。另外，还对选举委员会职责、代表辞职程序等作出了明确规定。这次选举法修改充分体现了"人人平等、地区平等、民族平等"的原则，对充分调动各方面的积极性，统筹城乡协调发展，促进社会和谐，推进中国人权事业不断前进具有重大而深远的历史意义，标志着中国民主政治建设向前迈出了一大步。

（三）坚持和完善基本经济法律制度，保护公民合法私有财产

随着社会主义市场经济的发展，中国经济体制、经济结构相继发生了巨大变化，利益格局也相应发生了重大改变，利益主体趋于多元化，新的利益阶层不断涌现，人们对于保护合法利益的呼声也不断高涨。中共十六大报告在"坚持和完善基本经济制度"的布局中，专门提出了要"完善保护私人财产的法律制度"。[①] 为了贯彻落实这一精神，2004 年宪法修正案作出了如下规定，"国家保护个体经济、私营经济等非公有制经济的合法的权利和利益。国家鼓励、支持和引导非公有制经济的发展，并对非公有制经济依法实行监督和管理。"[②] 从而使非公有制经济的法律地位得到

①　《十六大以来重要文献选编》（上），中央文献出版社 2011 年版，第 20 页。

②　同上书，第 890 页。

了进一步明确，极大的鼓励了非公有制企业的积极性。同时，宪法还补充了"公民的合法的私有财产不受侵犯""国家为了公共利益的需要，可以依照法律规定对公民的私有财产实行征收或者征用并给予补偿"① 的规定。私有财产法律地位的正式确立，为加大私有财产保护力度提供了宪法依据，也为正确解决私有财产与公共利益需要之间的冲突提供了宪法依据。紧接着，2007 年 3 月国家制定并通过了《物权法》，为健全市场经济体制、完善国家经济制度，以及维护人民群众切身利益提供了基本法律依据。在学习宣传物权法的过程中，胡锦涛强调，"要通过多种途径提高广大干部群众对物权法的认识，充分认识依据宪法和法律对国家、集体和私人的物权给与平等保护的重大意义，牢固树立依法平等保护和正确行使财产权利的物权观念。"② 从而为物权法的贯彻落实奠定了坚实的社会思想基础。与此同时，要求全面落实物权法的相关规定，切实保障公民权利，促进经济社会发展。

（四）以改善民生为重点，加强社会保障法制建设

中共十六大以来，以胡锦涛为总书记的中共中央领导集体越来越深刻地认识到社会建设的重要性。2007 年 10 月，中共十七大报告正式将"以改善民生为重点的社会建设"作为一个单独的部分进行了系统阐释。以保障和维护弱者的生存权和发展权为着眼点，以改善民生为重点，以实现社会公平正义为目标的社会建设的提出，给法制思想和法制建设带来直接影响，法制建设开始突出以"优先发展教育、扩大劳动就业、深化收入分配制度改革、建立覆盖城乡的社会保障体系、建立基本医疗卫生制度、完善社会管理"为重点开展立法活动。这一时期无论是社会立法思想，还是社会立法本身都得到了较大发展。例如，2004 年宪法修正案在宪法第十四条增加了一款："国家建立健全同经济发展水平相适应的社会保障制度"③，为新时期加强社会立法提供了宪法依据。2005 年，废除了《中华人民共和国农业税条例》，取消了在中国实行了 2000 多年的农业税。

---

① 《十六大以来重要文献选编》（上），中央文献出版社 2011 年版，第 890 页。

② 胡锦涛：《认真学习全面实施物权法，开创社会主义法治国家新局面》，《人民日报》2007 年 3 月 25 日，第 01 版。

③ 《十六大以来重要文献选编》（上），中央文献出版社 2011 年版，第 890 页。

2007 年，颁布了《中华人民共和国劳动合同法》，确保"让广大劳动群众实现体面劳动"。[①] 2008 年，颁布了《中华人民共和国循环经济促进法》，推进资源节约型和环境友好型社会建设，以保障人民的环境权。此外，中共中央、国务院还通过了《关于切实加强农业基础建设进一步促进农业发展农民增收的若干意见》《关于深化医疗卫生体制改革的意见》《关于促进残疾人事业发展的意见》《关于开展新型农村社会养老保险试点的指导意见》《关于加大统筹城乡发展力度进一步夯实农业农村发展基础的若干意见》《关于开展城镇居民社会养老保险试点的指导意见》《关于加强环境保护重点工作的意见》等。2011 年，国务院办公厅专门印发了《"十二五"期间深化医药卫生体制改革规划暨实施方案》，人力资源和社会保障部、国家发展改革委、民政部、财政部、卫生部、社保基金会联合制定了《社会保障"十二五"规划纲要》等。这些都是国家为确保人民群众共享改革发展成果而作出的基本制度安排，它们为实现社会公平正义、构建和谐社会提供了法律和制度保障。

三 形成中国特色社会主义法律体系

自中共十五大提出"到 2010 年形成有中国特色社会主义法律体系"的目标以来，国家立法机关就将加快立法速度、提高立法质量作为首要任务。2003 年，李鹏在十届全国人大一次会议上宣布："以宪法为核心的中国特色社会主义法律体系已经初步形成。"[②] 从这年开始，中国步入了构建中国特色社会主义法律体系的关键阶段。这一阶段共经历了十年的时间，大致可以分为两个时期，前一个五年完成了基本形成中国特色社会主义法律体系的任务，后一个五年圆满完成了构建中国特色社会主义法律体系的任务。这两个阶段前后相继而又一以贯之，共同促成了中国特色社会主义法律体系的最终形成。

（一）中国特色社会主义法律体系的基本形成时期

第一，基本形成时期的立法目标及立法原则。

---

① 《全国劳动模范和先进工作者表彰大会举行 胡锦涛发表重要讲话》，《人民日报》2010 年 4 月 28 日，第 01 版。

② 《十六大以来重要文献选编》（上），中央文献出版社 2011 年版，第 195 页。

　　吴邦国在十届全国人大一次会议上指出，"本届全国人大及其常委会的立法工作，怎样在现有的基础上加强和提高，是我们需要认真研究、切实解决的问题。"① 为此，他提出了"一个目标、一个重点"的工作思路，即"争取在本届全国人大及其常委会的五年任期内，基本形成中国特色社会主义法律体系"，重点放在"提高立法质量"上。

　　指导思想和基本原则。在坚持原有指导思想的基础上，本届人大将"三个代表"重要思想确立为立法工作的最新指导思想。这一思想要求在立法工作中必须自觉把党的主张、党的方针政策，经过法定程序，同人民意志统一起来，转化为国家意志，并最终转化为全社会共同遵守的行为准则。坚持从国情和实际出发的立法原则，要求立法工作既要立足中国改革开放和社会主义现代化建设的实践，又要研究借鉴国外的立法经验，自觉摒弃土教条和洋教条。坚持突出重点、为民所用的原则，要求立法工作要将基本的、比较成熟的、改革发展稳定迫切需要的项目作为立法重点。坚持服从和服务于党和国家工作大局的原则，要求立法工作要紧紧围绕全面建设小康社会这个奋斗目标，为推动发展创造良好的法制环境，提供有力的法制保障。在 2003 年全国人大常委会立法工作会议上，吴邦国再次补充强调，立法还要坚持法制统一的原则，在全国法律体系的框架内进行立法，各地方、各部门不能搞自己的"法律体系"，以保证中国特色社会主义法律体系的完整和统一。坚持民主的原则，要求立法必须严格按照立法法的规定，在充分审议的基础上进行表决，要广泛听取各方面意见，集思广益，要坚持时间服从质量。②

　　此外，这一时期立法工作还特别注重以下几个关系的处理。一是数量与质量之间的关系。经过改革开放以来近 30 年的努力，中国无法可依的状况已经基本得到了解决，当时立法工作的主要矛盾是如何提高立法质量，因此，要把立法工作重点放到提高质量上来。二是权力与权利之间的关系。即要给予行政机关必要的执法手段，又要注意对行政权力进行规范、制约和监督。三是法律的稳定性与改革的变动性之间的关系。即一方面要做到及时立法，另一方面又留下足够的空间以继续深化改革，做到

---

① 《十六大以来重要文献选编》（上），中央文献出版社 2011 年版，第 233 页。
② 同上书，第 561—562 页。

"定""变"有机结合。

第二，基本形成时期法律体系建设的主要内容。

这一时期法制建设的重点内容集中在以下几个方面：着眼于制定在法律体系中具有支架作用的重要法律，如颁布宪法修正案、反分裂国家法、各级人民代表大会常务委员会监督法、行政许可法，修改地方组织法、选举法等。着眼于制定适应社会主义市场经济发展需要、能够维护人民群众切身利益的重要法律，如颁布物权法、证券投资基金法、农民专业合作社法、劳动合同法、就业促进法、劳动争议调解仲裁法，修改民事诉讼法、公司法、证券法、合伙企业法、企业破产法、商业银行法、妇女权益保障法、未成年人保护法、义务教育法、传染病防治法等。着眼于制定客观环境和立法条件已经比较成熟的法律。如颁布公务员法、道路交通安全法，治安管理处罚法等。注重制定法律与修改法律并重，使法律体系的更新能够与国家政治、经济、文化发展同步进行。

第三，基本形成时期的立法成就。

这一时期的立法工作在构建中国特色社会主义法律体系过程中占有重要地位，它的任务完成状况直接决定了法律体系建设的成败。经过五年努力，立法工作在以下几个方面取得了很大成绩。一是完善了涉及国家大政方针的法律制度。审议通过了宪法修正案，将"三个代表"重要思想、"国家尊重和保障人权""依法保护公民的财产权和继承权"明确载入宪法。并制定了反分裂国家法，以法律的形式把党和国家对台工作的大政方针和政策措施固定了下来；制定了监督法，推动各级人大常委会的监督工作走向制度化、规范化、程序化；制定了公务员法，为干部人事制度改革提供了法律保障。

二是完善了经济建设方面的法律制度。颁布了物权法，完善了中国特色社会主义物权法律制度。制定了企业破产法，确立了企业有序退出市场的法律制度。制定了反垄断法，完善了预防和防止垄断、保护和促进公平竞争的法律制度。制定了银行业监督管理法及反洗钱法。修改了中国人民银行法和商业银行法、证券业所得和个人所得税法，为维护金融市场秩序及税收制度提供了法律依据。还制定了农业专业合作社法、可再生能源法，修改了节约能源法等资源环境方面的法律。

三是完善了社会领域立法。人大常委会先后制定了劳动合同法、劳动争议调解仲裁法、就业促进法等劳动保障方面的法律制度。全面修订了义务教育法,以法律的形式将义务教育经费保障机制和实施素质教育固定了下来。修改了妇女权益保障法、未成年人保护法等,为贯彻男女平等的国策及未成年人的教育提供了法律依据。

(二) 中国特色社会主义法律体系的形成时期

第一,一手抓法律制定,一手抓法律清理。

在法律体系基本形成的基础上,中共十七大将"坚持科学立法、民主立法,完善中国特色社会主义法律体系"① 作为今后五年全面落实依法治国基本方略重要内容。紧接着,吴邦国在十一届全国人大一次会议上明确提出,要"抓紧制定在法律体系中起支架作用的法律,及时修改与经济社会发展不相适应的法律规定,督促有关方面尽快制定和修改与法律相配套的法规,确保到 2010 年形成中国特色社会主义法律体系"②。将制定法律的速度和质量摆在了同等重要的位置,为建设中国特色社会主义法律体系指明了努力方向。

在十一届全国人大二次会议上,吴邦国特别强调,2009 年是实现"形成中国特色社会主义法律体系"的关键一年,全国人大要按照中共十七大精神,在提高立法质量的前提下,一手抓法律制定,一手抓法律清理,努力在形成中国特色社会主义法律体系上迈出决定性步伐。并将制定社会保险法、社会救助法、侵权责任法、行政强制法、农村土地承包经营纠纷仲裁法、精神卫生法、国防动员法,及修改国家赔偿法、保守国家秘密法、选举法、村民委员会组织法、土地管理法、邮政法、统计法等列入2009 年度立法计划。将集中完成法律清理作为 2008 年至 2010 年的重要任务,要求及时清理不适应社会主义市场经济需要、前法与后法规定不尽一致、操作性不强的三类法律,区分轻重缓急,采取修改、废止、解释、配套等方式进行分类处理。在十一届全国人大三次会议上,他再次指出,要"继续加强社会领域立法,更加注重绿色经济、低碳经济领域立法,全面完成法律法规清理工作,确保中国特色社会主义法律体系如期形

---

① 《十七大以来重要文献选编》(上),中央文献出版社 2009 年版,第 24 页。
② 同上书,第 350—351 页。

成"①。可见，一手抓法律制定，一手抓法律清理的工作思路为构建中国特色社会主义法律体系提供了方法指导。

第二，如期形成中国特色社会主义法律体系。

在全面完成法律法规清理的基础上，吴邦国在十一届全国人大四次会议上庄严宣告："一个立足中国国情和实际、适应改革开放和社会主义现代化建设需要、集中体现党和人民意志的，以宪法为统帅，以宪法相关法、民法商法等多个部门的法律为主干，由法律、行政法规、地方性法规等多个层次的法律规范构成的中国特色社会主义法律体系已经形成。"②它的形成是中国社会主义法制建设史上的重要里程碑，是中国特色社会主义制度逐步走向成熟的重要标志，具有重大的现实意义和深远的历史意义。它为改革开放和国家各项建设的顺利开展提供了法律指引，为中国特色社会主义事业的创新发展提供了法律保障。

尽管这一重大立法任务的完成使全面落实依法治国方略的前提和基础性问题得到了解决，但是，随着中国特色社会主义实践的向前发展，不断完善中国特色社会主义法律体系的任务依然非常艰巨。另外，由于依法治国还包含着有法必依、执法必严、违法必究等更深层次的内容，因此，积极采取有效措施切实保障宪法和法律的有效实施就显得更为紧迫。

第三节　进一步发展时期的中国特色社会主义法制思想对中国特色社会主义法学理论的历史贡献

以胡锦涛为总书记的中共中央领导集体在全面建设小康社会进程中，高举社会主义民主政治大旗，围绕全面落实依法治国基本方略，在"以人为本"理念的指引下，从中国实际出发，正确回答了全面建设小康社会条件下法制建设必须遵循的价值准则和亟须改进的实践问题，并且完成了构建中国特色社会主义法律体系的重要任务，不断推进中国法制建设实现实践创新、理论创新和制度创新。进一步发展时期的中国特色社会主义

---

① 《十七大以来重要文献选编》（中），中央文献出版社 2011 年版，第 605 页。

② 《十七大以来重要文献选编》（下），中央文献出版社 2013 年版，第 262 页。

法制思想为中国特色社会主义法学理论的创新和发展作出了重要历史贡献。

一　以人为本的法哲学观推动马克思主义法学走向现代化

马克思主义法学之所以能够屹立于世界法学之林，是因为它有历史唯物主义和辩证唯物主义这一独特的世界观和方法论。马克思主义法学从历史唯物主义出发，鲜明地提出"法典就是人民自由的圣经"①，即法要成为真正的法律，就必须以规范的形式确认人的自由权利。马克思主义者所要建立的共产主义社会也将是"以各个人自由发展为一切人自由发展的条件的联合体"②。实现"人的自由而全面发展"这一理论精髓，深刻地贯穿于马克思主义法制思想中国化的全过程。

新的历史条件下，以胡锦涛为总书记的中共中央领导集体在继承历史唯物主义基本原理的基础上，提出了以人为本的科学发展观战略思想，为马克思主义法哲学观的创新发展树立了新的榜样。胡锦涛指出，"我们提出以人为本的根本含义，就是坚持全心全意为人民服务，立党为公、执政为民，始终把最广大人民的根本利益作为党和国家工作的根本出发点和落脚点，坚持尊重社会发展规律与尊重人民历史主体地位的一致性，坚持为崇高理想奋斗与为最广大人民谋利益的一致性，坚持完成党的各项工作与实现人民利益的一致性，坚持发展为了人民、发展依靠人民、发展成果由人民共享。"③ 以人为本的法哲学思想是中共准确把握法的现象的本体基础，它要求人们把法看作社会主体的权利要求，把法律看作主体权利的规范化、制度化。这一认识突破了以往我们仅仅把法看成规范性文件的总和的局限，从而实现了法概念的又一次升华。

在当代中国社会主义市场经济体制下，坚持以人为本的法哲学观，完整准确地理解法的本质属性，揭示法与社会权利的内在联系，肯定法律对权利和自由的保障作用，是马克思主义法学中国化的应有之义，体现了中国法哲学与时俱进的时代精神。同时，坚持以人为本，可以使我们更好地

①　《马克思恩格斯全集》(第1卷)，人民出版社1956年版，第176页。
②　《马克思恩格斯全集》(第4卷)，人民出版社1958年版，第491页。
③　《十七大以来重要文献选编》(上)，中央文献出版社2009年版，第107页。

认识和理解人类社会法制文明从限制人的自由到充分尊重人的主体地位的发展进程和基本规律，并自觉将这些规律运用到中国特色社会主义法制建设实践中。

二 和谐社会理念为中国特色社会主义法制建设提供了新的价值目标

中共十六大以来，以胡锦涛为总书记的中共中央领导集体在深刻分析中国所处的历史方位及面临的复杂矛盾之基础上，提出了构建社会主义和谐社会的目标，不仅实现了国家发展理念的更新，而且为经济社会发展提供了更高的价值目标。"社会和谐是中国特色社会主义的本质属性，是国家富裕、民族振兴、人民幸福的重要保证。"[①] 这个重大判断是中国特色社会主义理论在新世纪新阶段的新发展，它深化了中国共产党对社会主义本质的认识，体现了人民对经济社会发展的新期待。同时，也为处在转型期的中国特色社会主义法制建设提供了新的价值标准，即按照社会和谐的最高价值准则加强法制体系建设。

尽管现代社会法治建设的价值目标有多个层次、多个方面，但是对处在经济社会深刻转型中的中国来说，当前最重要的任务是通过改革体制机制、健全各项制度，逐步缩小城乡、区域之间的发展差距，减缓社会利益阶层分化速度，平衡各种利益关系，消除存在于社会生活领域的突出矛盾。"要从法律上、制度上、政策上努力营造公平的社会环境，从收入分配、利益调节、社会保障、公民权利保障、政府施政、执法司法等方面采取切实措施，逐步做到保证社会成员都能够接受教育，都能够进行劳动创造，都能够平等地参与市场竞争、参与社会生活，都能够依靠法律和制度来维护自己的正当权益。"[②] 通过制度建设实现公平正义，并最终达到社会和谐，是这一时期法制思想和法制建设的共同主题。

在这一理念的指引下，一大批关于劳动、社会保障、就业、教育等方面的法律法规相继颁布，为和谐社会建设起到了保驾护航的作用。纵观这一时期法制建设的概况可知，"和谐"已经成为社会主义法制建设在特殊历史时期追求的基本价值目标之一，促进社会和谐的相关法律制度已经成

---

① 《十六大以来重要文献选编》（下），中央文献出版社 2011 年版，第 648 页。
② 《十六大以来重要文献选编》（中），中央文献出版社 2011 年版，第 712 页。

为中国特色社会主义法律体系的重要组成部分。

三　依法执政思想完善了马克思主义执政党与法制关系的理论

依法执政、依宪执政是依法治国的应有之义，也是中国共产党实现执政方式现代化的过程中必须解决的重大课题。早在 2004 年纪念全国人民代表大会成立 50 周年大会上胡锦涛就特别强调过，依法执政首先要依宪执政。中共十六届四中全会再次强调中国共产党必须"贯彻依法治国方略，提高依法执政水平"①。"依法执政要求中国共产党的执政权力法律化，要求党管干部的程序法律化，要求人民对执政党的监督程序化、法律化。"② 依法执政的提出从思想认识上彻底弄清楚了执政党与国家法律的关系，为实践中进一步正确处理二者的关系奠定了思想基础。这一理念既是对马克思主义政党学说的发展创新，也是社会主义国家解决党法关系的有益探索。

首先，依法执政思想丰富了马克思主义宪治学说。依法执政要求中国共产党必须依照宪法和法律规定的体制、机制和运作方式掌握国家政权，按照宪法和法律规定的执政权限和执政程序进行执政活动，并在执政过程中自觉接受人民群众的监督。依法执政的本质是通过将执政党的执政活动制度化、法律化、规范化以达到约束、限制、防止其滥用执政权的目的。依法执政是中国共产党在长期执政条件下摸索出来的有效执政方式，它为中国政治体制改革和中国特色社会主义宪治体制的构建找到了一个切入点，是中国特色社会主义法治建设道路的有益探索，具有重要的宪治意义。

其次，依法执政思想发展了马克思主义政党学说。中国共产党是一个从革命战争中走过来的执政党，形成了长期依靠方针政策执政的习惯，尽管历届中央领导集体都非常重视法制建设，但有法可依、有法必依、执法必严、违法必究的体制机制仍然没有完全落实。依法执政思想的提出反映了中共试图实现从依政策治国到依法治国转变的愿望，标志着中共执政、治国思想开始走向国际化、现代化，执政理念也更加成熟。同时，依法执

---

① 《十六大以来重要文献选编》（中），中央文献出版社 2011 年版，第 281 页。
② 蒋传光等：《新中国法治简史》，人民出版社 2011 年版，第 223 页。

政思想的贯彻落实彰显了中共开展自身革命的决心和勇气，为中共走向未来奠定了基础。

最后，依法执政思想丰富了中共依法治国理论。中国共产党作为中国唯一的执政党，其执政水平、守法意识直接决定了依法治国方略的进展程度和进展速度。而且，执政党能否自觉遵守宪法和法律是全社会宪法、法律意识能否树立的关键所在。深入推进依法执政，转变执政方式和执政理念，是建设法治国家和法治社会的必然要求。可以说，没有依法执政，就不可能实现依法治国，更不可能形成法治社会和法治国家。

四 以法律体系为基础的中国特色社会主义制度体系初步形成

构建中国特色社会主义法律体系是本届中共中央领导集体的重要任务之一。经过近10年的努力，中国特色社会主义法律体系于2011年3月如期形成。它的形成使国家和社会生活的各个方面实现了有法可依，它是中国社会主义制度建设史上的重要事件。同时，它的形成也标志着以法律体系为基础的中国特色社会主义制度初步形成。

中国特色社会主义法律体系是中国特色社会主义制度体系的重要组成部分。尽管它在外延上小于中国特色社会主义制度，但它以规范化、文本化的形式将中国特色社会主义制度中最重要的部分确定了下来，使其具有了法律效力，从而要求达到普遍遵守。它同中国特色社会主义制度一样都集中体现了中国特色社会主义的本质要求，反映了改革开放和社会主义现代化建设的客观需要。探索构建中国特色社会主义法律体系的过程生动展现了中国特色社会主义制度体系形成、发展的全过程。因此，中国特色社会主义法律体系与中国特色社会主义制度体系相辅相成、相互促进、相伴而行。

进一步发展时期的法制思想是以法律体系为基础的中国特色社会主义制度体系初步形成的思想理论基础。首先，它为中国法律体系和制度体系提供了根本一致的出发点，即全部法律规范和制度都必须有利于巩固和发展中国特色社会主义，有利于体现和反映全体人民的共同意志，并能从根本上维护人民群众的共同利益。其次，它为中国特色社会主义法律体系和中国特色社会主义制度体系提供了共同的指导思想，即必须以中国特色社会主义理论体系为根本指导思想。再次，它还为二者提供了追求公平正义的共同价值目标。

五　促进中国人权保障法律体系初步形成

中共几代中央领导集体在顺应国际人权发展趋势的前提下,结合本国实际,批判地学习、改造和吸收西方人权思想,创造性地提出了具有中国特色的人权保障理论。这一理论主张排除外来干扰,立足本国国情,确定人权发展目标。在现阶段确立了以经济建设为中心,以法制建设为手段,以实现公民基本权利为目标的人权发展路径。

在中国人权发展模式中,最鲜明最突出的特点是人权保障走上了法律化、制度化的发展路子,并初步建立了人权保障的制度体系框架。"以宪法为根本依据,中国制定和完善了一系列保障人权的法律制度,人权保障事业不断法律化、制度化。"①中国人权保障法律制度由五部分基本内容组成,一是保障公民生命自由、人格平等权利的法律制度;二是保障公民政治权利和自由的法律制度;三是保障公民社会权力的法律制度;四是保障经济文化权利的法律制度。另外,还包括中国参加的国际人权公约中的人权保障规范。这些制度和规定形成了以宪法中的人权保障规范为最高统帅,以人权保障法律为主体,以相关行政法规和地方性法规为补充的、系统完整的人权保障法律体系,为中国人权保障提供了基本的制度基础和法律依据。

中国人权保障法律体系是中共历届中央领导集体人权思想制度化的最终成果。从主张积极参加人权保护的国际公约,到倡导人权入宪,再到各种保障人权法律规范的制定,无一不是以人为本人权保障法制思想的具体化。这一思想不仅为中国特色社会主义法律体系的丰富完善提供了重要的思想指南,而且为中国法制乃至中国社会进入现代法治文明社会奠定了思想基础。以人为本的中国特色社会主义人权保障法制思想,推动马克思主义人民观与西方人权思想中的进步因素有机结合,使马克思主义人民观走向制度化、规范化、现代化,从而为社会主义人权发展事业提供了新的视角。无论在中国人权发展史还是在中国法制建设史,抑或是在中国法律思想史上都具有非常重要的意义。

---

① 国务院新闻办公室:《中国的法治建设》白皮书,人民出版社 2008 年版,第 6 页。

概而言之，以胡锦涛为总书记的中共中央领导集体沿着中国特色社会主义法治建设道路继续前行，将全面落实依法治国方略作为其执政10年间中国法治建设的总目标，在加快构建中国特色社会主义法律体系的同时，不断健全国家权力运行机制，全面推进法治政府建设，深入开展司法体制改革，维护社会主义公平正义，坚定不移地发展社会主义民主政治，深入推进人权保障体系建设，不仅丰富和完善了中国特色社会主义法制思想，而且为新世纪新阶段中国法治建设提供了思想指导和方向指南。在建设社会主义政治文明的旗帜下，以胡锦涛为总书记的中共中央领导集体提出了"以人为本""和谐社会""依宪治国""依宪执政""尊重和保障人权"等现代法治理念，既指出了中国法制建设在全面建设小康社会的历史新阶段亟待解决的理论和实践难题，也为解决这些难题提供了科学的理论指导，从而在理论、实践及方法上都取得了一系列重要成果。这一时期的法制思想进一步发展了马克思主义宪治理论、执政党建设理论、人权保障理论，是马克思主义法学理论中国化、时代化、民族化的理论成果。同时，它还为中国特色社会主义法制建设实践提供了必须遵循的法哲学观、价值标准和实践要求，是中国特色社会主义法制思想发展的新阶段。

第五章

中国特色社会主义法制思想的
最新发展（2012 年至今）

  中共十八大之后，以习近平为核心的中共新一届中央领导集体准确判断国际国内局势，稳抓重要战略机遇期，在实现中华民族伟大复兴的征程中，推动中国特色社会主义法制思想向纵深发展。新一届中央领导集体在全面建成小康社会进入决定性阶段，改革进入攻坚期和深水区的关键时期，作出了全面推进依法治国的重大决策，确立了建设中国特色社会主义法治体系的崇高目标，安排布置了加快完善立法体制、加强重点领域立法，进一步完善中国特色社会主义法律体系；深入推进依法行政，建设法治政府；深入推进司法体制改革，维护社会公平正义的重要法治建设任务。以习近平为核心的中共新一届中央领导集体的法制思想是中国特色社会主义法制思想最新发展时期的理论成果，它围绕发展和完善中国特色社会主义制度、推进国家治理体系和治理能力现代化这一主题，提出了一系列关于中国特色社会主义法制建设的新观点和新思想，推动中国特色社会主义法制建设理论逐步走向成熟和定型。从而为中国特色社会主义法制建设实现从"法制"向"法治"，从"法治"向"宪治"的根本转变奠定了坚实的理论基础，是马克思主义法制思想在当代中国的最新发展。

第一节　中国特色社会主义法制思想
最新发展时期的背景分析

  中共十八大以来，中共新一届中央领导集体就继续全面深化改革开放、建设中国特色社会主义所面临的一系列重大问题作出了新的思考、新的判断，并围绕完善和发展中国特色社会主义制度作出了重要战略部署。全面推进依法治国，建设中国特色社会主义法治国家，实现中国特色社会主义法律体系向中国特色社会主义法治体系的转变是这一战略部署中的中心环节，也是以习近平为核心的中共新一届中央领导集体法制思想的集中体现。中共新一届中央领导集体法制思想的提出有着复杂、深刻的时代背景，预示着马克思主义法制思想在新的时代条件下继续向前发展。

一 中国特色社会主义法制思想最新发展时期的国际背景

（一）参与全球经济治理为中国特色社会主义法制思想实现新发展提供了客观条件

后金融危机时代，世界经济渐次走出低谷，开始出现一些新的迹象，但彻底摆脱经济危机的负面影响还需要假以时日。当前，世界经济仍处于深度调整期，主要发达经济体无论是在发展动力、发展速度，还是在经济结构等方面均存在许多问题，新兴市场经济体也存在增速缓慢、外部风险和挑战较以前更多的问题，在贸易和投资领域则出现了许多新形式的保护主义，世界经济全面复苏曲折而艰难。这样的形势要求世界各国不仅要通过积极的结构改革激发市场活力，增强自身竞争力，而且要求不同国家之间加强合作，发挥比较优势，优化全球资源配置，完善全球产业布局，相互之间形成经济增长联动效应，共同解决发展难题。为了营造更广阔的市场和发展空间，中国呼吁世界各国维护开放、自由、平等的多边贸易体制，并主张通过集体协商完善全球投资规则，以更加有效地配置资源，更好地促进全球资本合理流动。为了稳定世界经济，确保国际金融安全，中国倡议深化国际金融机构改革，更好地落实国际货币基金组织份额与治理改革方案；继续加强金融市场监管，建立真正服务实体经济发展的国际金融体系；完善国际货币体系建设，使其能够更好地抵御金融风险；加强国际间、区域间及国际与区域相互之间的金融合作联系机制；建立金融风险防火墙等。中国支持健全国际税收治理机制，加强多边反避税合作。同时，中国也积极、坚定地推进国内市场体系建设，持续、深入地推进宏观调控和管理、财税、金融、贸易及投资等领域的体制改革；并继续坚持互利共赢的发展战略，不断完善本国国内法律法规，为所有市场主体创造公平的法治环境等，通过法律制度建设完善全球经济治理。营造公平公正的发展环境是促进全球经济复苏的重要途径和重要保障，也是中国经济实现新增长的内生动力，通过改革促进全球经济治理新制度的形成，是中共新一届中央领导集体法制思想形成的国际背景之一。

（二）参与国际互联网治理为中国特色社会主义法制思想实现新发展开辟了广阔空间

自接入互联网 20 多年来，中国已经发展成为世界互联网大国，网络已经走入千家万户，网民数量世界第一。互联网不仅已经融入了中国社会生活的方方面面，深刻改变着人们的生产和生活方式，而且还催生了许多新技术、新产品、新业态、新模式，培养了一个巨大的市场，创造了上千万创业岗位。互联网已经成为大众创业、万众创新的新工具，并有可能成为中国经济发展的新动力。同时，互联网的飞速发展也给国家主权、安全及发展利益带来了新的挑战。2013 年发生的"棱镜事件"足以说明一切。尊重网络主权，维护网络安全是世界各国人民的共同愿望，构建和平安全、开放合作的网络空间对各个国家都很重要，建立多边、民主、透明的国际互联网治理体系是世界各国的共同任务。中国政府一方面坚持积极利用、科学发展、依法管理、确保安全的方针，加大依法管理网络的力度，完善互联网管理领导体制，形成从技术到内容、从日常安全到打击犯罪的互联网管理合力；另一方面针对网络世界目前没有国际性规则的现状，积极呼吁并主动促进世界各国就国际互联网治理体系的规则制定达成一致，以确保互联网的活力和秩序。李克强在出席首届世界互联网大会时也郑重承诺：中国将以拥抱的姿态对待互联网，并用市场的思维培育互联网，努力实现自主进入市场、市场化配置要素、企业公平竞争[1]，以实现互联网共享共治。随后，刘云山在首届国家网络安全宣传周启动仪式上强调，要"依法维护网络安全"，进一步"完善互联网建设管理的法律法规""健全国家网络安全保障体系"打击网上违法犯罪活动。[2] 可见，全面推进依法治国，建设社会主义法治国家不能脱离当今时代互联网高度发达的国际背

---

[1] 《促进互联网共享共治　推动大众创业万众创新》，《人民日报》2014 年 11 月 21 日，第 01 版。

[2] 《维护网络安全　建设网络强国》，《人民日报》2014 年 11 月 25 日，第 01 版。

景，将信息网络这一新生事物纳入法制运行轨道是依法治国的题中之意。

（三）实现中华民族伟大复兴的中国梦为中国特色社会主义法制思想实现新发展提供了根本动力

实现中华民族伟大复兴的中国梦就是要实现国家富强、民族振兴、人民幸福。① 它包括多个深层次的内涵：首先，就是要建设社会主义现代化强国，推动经济社会全面进步。其次，就是要按照"和平统一、一国两制"的方针，完成祖国统一大业。再次，就是要同世界人民一道，加强和谐世界建设。实现中华民族伟大复兴是中国人民的梦想，要实现这一梦想就必须坚定不移地走中国特色社会主义道路，理直气壮地高举中国特色社会主义理论旗帜，始终如一地坚持中国特色社会主义制度。其中，中国特色社会主义制度是实现中国梦的根本保障，因为制度建设的状况集中体现了一个国家的软实力，体现了一种社会制度的竞争力。②

全面推进依法治国，以法律的形式确立、完善并不断发展中国特色社会主义根本制度、基本制度及与之相关的具体制度，实现国家治理活动规范化、程序化、法治化，推进中国特色社会主义制度走向现代化是实现中国梦在制度层面上的必然要求。通过改革和制度构建解决现行制度中存在的突出问题和体制机制弊端，为中国特色社会主义事业发展、人民幸福生活提供一套更完备、更稳定、更管用的制度体系是当前中国特色社会主义法律制度建设的重点。以树立法治理念和培养法治精神为导向，提高领导干部和广大人民群众运用法律原则、规则和方法思考问题、解决矛盾和纠纷的能力是实现中国梦在人的素质层面上的基本要求。人是一切社会活动的主体，制度是一切社会活动的平台，没有具有法治精神的现代化公民，没有现代化的法律制度，任何国家要实现民族复兴都是不可能的。实现中华民族伟大复兴的中国梦必然包含着依法治国的全面推进。

---

① 参见《十八大以来重要文献选编》（上），中央文献出版社 2014 年版，第 234 页。

② 参见江必新《制度现代化是全面推进依法治国的核心要求》，《红旗文稿》2014 年第 20 期。

二　中国特色社会主义法制思想最新发展时期的国内背景

（一）全面建成小康社会进入决定性阶段是法制思想向纵深发展的现实依据

中共十八大报告指出，"我国发展仍处在可以大有作为的重要战略机遇期……全面把握机遇，沉着应对挑战，赢得主动，赢得优势，赢得未来，确保到二〇二〇年实现全面建成小康社会的宏伟目标。"[①] 十八届四中全会上，习近平再次强调，全面建成小康社会进入决定性阶段。[②] 在这决定中国小康社会能否全面建成的关键时期，继续保持国民经济持续健康发展尤为重要。为此，中央制定了在五年内实现国内生产总值和城乡居民人均收入比 2010 年翻一番的发展目标。实现这一目标取决于中国在未来的几年里能否抓好科技创新，能否顺利推进国家工业化，能否提高信息化、城镇化的水平和质量，能否搞好民主制度、民主实现路径建设，能否全面落实依法治国方略，建成法治政府，能否提高国家的文化软实力，能否全面提高人民的生活水平，能否解决教育、就业、收入分配、社会保障、资源环境等方面的问题。这一系列重要任务的完成，要求中共必须下更大的决心，全面深化国家各个领域的改革，将一切不利于国家发展的障碍全部破除，并建立新的系统完备、科学有效的制度体系。完善法治建设是全面建成小康社会的重要组成部分，也是发展和完善中国特色社会主义制度的必然要求。在全面建成小康社会的决定性阶段，依法治国地位和作用更加重要。没有依法治国方略的全面落实，国家发展面临的一系列重大问题就不可能得到有效解决，社会活力就无法从根本上得到增强，继而社会公平正义也会失去基本的实现途径，社会和谐稳定、国家长治久安的目标更不可能实现。

（二）全面深化改革开放为中国特色社会主义法制思想实现新发展提供了直接动力

改革开放是决定当代中国命运的关键抉择。改革开放 30 多年来，中

---

① 《十八大以来重要文献选编》（上），中央文献出版社 2014 年版，第 13 页。

② 参见《中共中央关于全面推进依法治国若干重大问题的决定》，人民出版社 2014 年版，第 2 页。

共用改革的办法解决了党和国家事业发展中的一系列问题，同时，旧的问题解决了，新的问题又产生了。当前，中国发展进入了新的阶段，改革进入了攻坚期和深水区，发展中存在的诸多突出矛盾和问题亟待解决，如产业结构不合理，发展方式粗放，地区发展不平衡，城乡居民收入差距较大，教育机会不均等，社会保障不公，生态环境失衡、食品药品不安全等等，要破解发展中面临的这些难题，化解来自各方面的风险和挑战，进一步形成公平竞争的发展环境，增强经济社会发展活力，促进社会和谐稳定，就必须在新的历史起点上全面深化改革。为此，中共十八届三中全会对全面深化改革的各项任务作出了详细的安排和部署。将发展和完善中国特色社会主义制度，建立系统完备、科学有效的制度体系，作为一个重要目标和任务提了出来。完善法律制度也是其中的重要内容。鉴于法治是国家治理体系和治理能力的重要依托，推进国家治理体系和治理能力现代化的关键在于实现国家治理法治化，故推进法治领域的改革也成为全面深化改革的重要内容。将法治作为党治国理政的基本理念，将法治思维和法治方式作为推进国家治理的基本手段，是改革进入攻坚期和深水区的必然选择。此外，由于处在攻坚期和深水区的改革涉及的领域广、范围宽、力度大，对各项改革措施之间系统性、关联性要求更高，因此，就更加需要依靠法治的方式凝聚改革共识、分担改革风险、推动改革深化、巩固改革成果。

（三）建设生态文明为中国特色社会主义法制思想实现新发展开拓了新领域

改革开放之初，中国特色社会主义事业被划分为物质文明建设和精神文明建设两个格局。后来发展为政治、经济、文化建设"三位一体"。中共十七大在"三位一体"布局的基础上，增加了社会建设，将中国特色社会主义事业总体布局发展为"四位一体"。紧接着，2012 年 11 月，中共十八大在中国特色社会主义事业"四位一体"布局的基础上，又增加了生态文明建设。自此，"五位一体"的中国特色社会主义事业总体布局正式形成。"五位一体"的战略布局为中国未来的发展进步指明了方向，也为全面推进依法治国提出了更高的要求。过去，人们一般把生态环境问题当作技术性问题和发展问题看待，认为随着技术水平和发展程度的提高，生态环境问题就会自然解决。中共十八大把生态文明建设纳入国家建设的总体布局,一方面彰显了生态文明建设的重要性,另一方面也告诉人们生态文明建设是一个系统工程,仅仅靠技术和发展来解决这一问题是不够的,需要进行顶层设计、系统规划,其中加强法制建设,用严厉的法治促进生态文明建设是最根本的途径。将生态文明建设纳入依法治国的范畴,通过严格的法律制度有效约束盲目开发、过度开发、无序开发行为,并通过大幅度提高违法成本,强化生产者环境保护的法律责任,以达到促进绿色发展、循环发展、低碳发展的目的。事实表明,依靠制度和法治建设推动实现保护生态环境、建设生态文明这样一场涉及生产方式、生活方式、思维方式和价值观念的革命性变革是最可行、最有效的选择。尽管这些年来,国家在生态环境保护方面逐渐建立了一整套制度体系,但有些领域依然存在制度空白,有些领域虽然有制度,但是操作性不强,这都明显滞后于环保实践。同时制度衔接不到位,制度执行不力,环境执法难等问题还比较突出。建立一整套系统有效的涉及立法、执法、司法、守法的生态文明制度体系,为生态文明建设提供一条高效、正常的运行轨道是建设法治中国、美丽中国的应有之义。

(四) 解决法治建设中存在的突出问题为中国特色社会主义法制思想实现新发展提供了关键发力点

中共十八大之后,新一届中央领导集体明确指出,当前全面落实依法治国方略的工作重点是"保证法律实施,做到有法必依、执法必严、违法必究"①。特别是在人民群众对执法司法活动中存在的突出问题反映非常强烈的情况下,全面推进依法治国就更加迫切和必要。当前,立法领域中存在的突出问题主要是立法质量、效率不高,部门化、利益化倾向比较突出,部分法律法规与客观规律不吻合,有的不能准确反映人民意愿,有的则针对性、操作性不强。执法领域存在的突出问题,主要是有法不依、执法不严、违法不究,甚至以权压法、权钱交易、徇私枉法等,有的执法人员执法随意、粗暴。司法领域中存在的突出问题主要表现为司法机关和司法人员不作为、乱作为,特别是司法不公、司法腐败。要么有案不立、有罪不究;要么滥用强制措施,屈打成招;要么办关系案、金钱案、人情案等等。这些问题严重破坏了国家正常的生产生活秩序,侵蚀着社会主义

① 《十八大以来重要文献选编》(上),中央文献出版社2014年版,第717页。

公平正义的价值理念，损害着执政党和国家机关的形象，威胁着执政党的执政地位。解决国家法治建设领域存在的突出问题，有针对性地回应人民群众的呼声和社会关切，是中共十八大之后亟待解决的重要问题。中共十八届四中全会决定正是在深刻分析中国立法、执法、司法等诸多领域存在的突出问题的基础上，对全面推进依法治国方略作出的顶层设计。

第二节　中国特色社会主义法制思想在最新发展时期的基本内容

2012 年至今是中国特色社会主义法制思想实现最新发展的关键时期，这一时期的法制思想主要指以习近平为核心的中共新一届中央领导集体在中国进入全面建成小康社会决定性阶段的特殊时代条件下，继续完善和发展中国特色社会主义法律制度的思想、理论、观点的总和。最新发展时期的法制思想推动中国特色社会主义法制思想理论体系进一步走向科学化、系统化、完备化，使中国特色社会主义法制建设逐步走向成熟和定型。它是马克思主义法制思想在新的历史条件下与中国实际相结合的最新理论成果，构成了中国特色社会主义法制思想的最新组成部分。

一　围绕"四个全面"战略布局，加强中国法治建设

为了贯彻落实中共十八大提出的建设法治中国的宏伟目标，以习近平为核心的中共新一届中央领导集体执政之后，将法治建设放在突出重要的位置来抓。2014 年 10 月，中共十八届四中全会首次以专门决定的形式对全面落实依法治国方略作出了详细的安排和部署，这一决定成为当前国家加强法治建设的纲领性文件。紧接着，2014 年 12 月，习近平在江苏调研时首次强调，要"协调推进全面建成小康社会、全面深化改革、全面推进依法治国、全面从严治党"[1]，从而正式将全面推进依法治国作为全面深化改革的"姊妹篇"纳入中国发展战略布局当中。[2] 全面依法治国为其

---

[1] 《在江苏调研时的讲话》，《人民日报》2014 年 12 月 15 日，第 1 版。

[2] 参见人民日报评论员《法治让国家治理迈向新境界——四论协调推进"四个全面"》，《人民日报》2015 年 2 月 28 日，第 01 版。

他"三个全面"顺利推进提供了基本的法治保障，也为实现中华民族伟大复兴的中国梦奠定了坚实的制度基础。中共新一届中央领导集体对全面推进依法治国思想的发展包括以下几个重要方面。

（一）确立了全面推进依法治国的指导思想和总目标

自改革开放以来，中国的法制建设就是在马克思列宁主义、毛泽东思想的指导下进行的。随着时代的发展，法制建设的指导思想也在不断的发展、完善。特别是进入依法治国的时代之后，邓小平理论、"三个代表"重要思想、科学发展观相继被确立为中国法制建设的指导思想。中共十八届四中全会在坚持已有指导思想的基础上，将深入贯彻习近平系列重要讲话精神列在了指导思想之后，作为当前全面落实依法治国方略的思想指南。习近平系列重要讲话精神是中国特色社会主义理论的新发展，是马克思主义中国化的最新理论成果，将习近平系列重要讲话精神作为全面推进依法治国指导思想是中国特色社会主义法制建设思想的重要补充和发展，它反映了新的时代条件对理论创新的新要求。

在此基础上，中共十八届四中全会决定对全面推进依法治国的总目标作了详细描述，即"建设中国特色社会主义法治体系，建设社会主义法治国家"，如此清晰、详尽地阐述中国法治建设的目标在中共历史上也是第一次，充分彰显了中共新一届中央领导集体在改革攻坚期的强大顶层设计能力。"中国特色社会主义法治体系"这一概念与"中国特色社会主义法律体系"只有一字之差，但意义却相差甚远，它的本质与核心在于"形成完备的法律规范体系、高效的法治实施体系、严密的法治监督体系、有力的法治保障体系……"① 从这一总目标的提出可以看出，中共对国家发展所处的历史阶段和中国法制建设的现状与形势把握得非常准确，对当前中国人民在法制建设方面的新期待了解得非常清楚，从而为今后更好地贯彻落实这一目标打下了坚实的现实基础、民意基础。

这一总目标的确立还透露出了另外一个重要的信息，即中国将坚定不移地走中国特色社会主义法治道路，既不会走封闭僵化的老路，也不会走改旗易帜的邪路。这条道路是中共在深刻总结社会主义法治建设正反两方

---

① 《中共中央关于全面推进依法治国若干重大问题的决定》，人民出版社 2014 年版，第 4 页。

面经验教训的基础上作出的战略选择，也是经实践检验最适合中国国情、最符合中国社会主义制度属性和发展方向的历史必然。这条道路植根于中国社会主义初级阶段的基本国情，生发于改革开放和社会主义现代化建设的具体实践，形成于不断解决中国经济社会发展的矛盾和问题过程之中，具有深厚的实践基础，符合中国国情和人民群众的愿望。

（二）提出了全面推进依法治国的基本原则

全面推进依法治国既是一场广泛而深刻的革命，也是一项艰苦而复杂的系统工程，为了确保依法治国能够沿着中国特色社会主义法治道路顺利前进，中共新一届中央领导集体提出了全面推进依法治国必须坚持的几个基本原则，为全面推进依法治国的顶层设计做好了最深层次的规划。

一是必须坚持中国共产党的领导。坚持中国共产党的领导，是全面推进依法治国必须遵循的首要原则。这是由中国的国家性质和中国共产党的阶级性质共同决定的，也是由中国的政党制度和基本国情决定的。中国共产党作为中国唯一的执政党，其法治观念、法治信仰，以及对法制的遵守状况直接决定着整个国家法治化的程度，其领导立法、保证执法、支持司法的能力和水平直接决定着全面推进依法治国的进展效率和质量。坚持党的领导才能坚持法治建设的社会主义方向，坚持党的领导才能确保依法治国有步骤、有秩序地进行。

二是必须坚持人民主体地位。"必须坚持法治建设为了人民、依靠人民、造福人民、保护人民，以保障人民根本权益为出发点和落脚点，保证人民依法享有广泛的权利和自由、承担应尽的义务，维护社会公平正义，促进共同富裕。"① 坚持人民主体地位是全面推进依法治国必须遵循的一条重要原则。这既符合中国特色社会主义制度的本质属性，也符合中国共产党全心全意为人民服务的根本宗旨。只有坚持人民主体地位，实现人民当家作主、保障人民根本利益，才能把握全面推进依法治国的正确方向。

三是必须坚持法律面前人人平等。"平等是社会主义法律的基本属性。任何组织和个人都必须尊重宪法法律权威，都必须在宪法法律范围内活动，都必须依照宪法法律行使权力或权利、履行职责或义务，都不得有

---

① 《中共中央关于全面推进依法治国若干重大问题的决定》，人民出版社 2014 年版，第 6 页。

超越宪法法律的特权。"① 在社会主义制度下，所有组织和个人的活动都必须以法律为准绳，平等受法律保护、平等受法律约束，在法律面前没有高低贵贱之分。特别是要反对特权，不允许有不受法律约束的法外特权。

四是要坚持依法治国和以德治国相结合。自古以来，法律和道德就是治理国家的基本手段。中国特色社会主义法制建设也恪守这一规律，注重将"法治"与"德治"相结合。习近平指出："法律是成文的道德，道德是内心的法律，法律和道德都具有规范社会行为、维护社会秩序的作用。"② 可见，没有法治，突破社会道德底线的行为就不会受到必要的制裁，人们内心的道德约束就会逐步放松；没有德治，法治精神就不会得到普遍信奉，遵纪守法就不会成为人们的自觉行为。在全面推进依法治国的过程中要自觉把"富强、民主、文明、和谐、自由、平等、公正、法治、爱国、敬业、诚信、友善"的社会主义核心价值观贯彻到法治体系建设的各方面和全过程。通过弘扬社会主义核心价值观，发扬中华传统美德，加强社会公德、职业道德、家庭美德、个人品德建设，引导人们自觉履行法定义务，培育社会主义法治文化。

五是要坚持从中国实际出发。一个国家的法治体系是否行之有效，关键在于看它是否与这个国家的国情相适应。这是中共历届中央领导集体反复强调的道理。就当前的情况来看，全面推进依法治国除了要从中国处在社会主义初级阶段这个最大的实际出发以外，更要考虑中国当前的具体实际，考虑当前法制建设的状况和人民的需求，当然，也要汲取中华法律文化精华，借鉴国内外法治建设的有益经验，并在此基础上对中国法制建设进行顶层设计。

（三）提出了全面推进依法治国的"新十六字方针"

自中共十八大提出"科学立法、严格执法、公正司法、全民守法"之后，中共十八届三中全会、四中全会都对这一方针作出了特别强调，习近平在讲话中也多次提到这几个方面的具体要求。故这十六个字被学界称为十八大之后中国全面推进依法治国的"新十六字方针"，发挥着衡量法

---

① 《中共中央关于全面推进依法治国若干重大问题的决定》，人民出版社 2014 年版，第 6 页。

② 习近平：《加快建设社会主义法治国家》，《求是》2015 年第 1 期。

治中国建设标准的重要作用。

"新十六字方针"涵盖了从立法到守法的全过程，包含丰富的法治理念。"科学立法"强调的是国家不仅要重视法律的数量，更加要重视法律的质量和品格。从"有法可依"到"科学立法"，表明中国法制建设的重点开始从追求数量转变到提高质量上来了。"严格执法"强调的是执法机关不仅不能对法律视而不见，而且要严格依照法定的权限和程序履行职责。从"有法必依""执法必严"到"严格执法"，表明中国法治建设的重点开始全面转向法律实施领域。"公正司法"强调的是司法机关不仅要依法追究责任主体的法律责任，而且要以公正为追责的首要标准。从"违法必究"到"公正司法"，表明中国司法的防线更加清晰。"全民守法"的提出则突出强调了守法意识在法治中国建设中的重要意义。一言以蔽之，就是如果社会主义法治理念不能深入人心，社会主义法治国家建设就永远不能取得成功。

"科学立法、严格执法、公正司法、全民守法"是一个相互联系、全面协调的统一整体。它清晰地表达了当前和今后中国法治建设的基本要求，从而为国家法治建设提供了明确的方向性指引。全面学习、深入思考、认真践行"新十六字方针"，不断完善国家立法、执法、司法、守法工作，中国特色社会主义法治建设就会逐步达到新的境界。

（四）规划了中国法治建设的总体布局

法治建设是一个系统工程，涉及中国特色社会主义事业"五位一体"总体布局的方方面面，涉及立法、执法、司法、守法等各个领域，加强顶层设计、进行统筹规划，是建设法治国家的必然要求。"坚持依法治国、依法执政、依法行政共同推进，坚持法治国家、法治政府、法治社会一体建设"① 是中共十八届四中全会为未来中国法治建设规划的总体布局。

确立依法治国为基本方略，标志着中国共产党认可并接受法治是实现现代国家治理基本方式的理念，并将依照体现人民意志和社会发展规律的法律来治理国家。确立依法执政为中国共产党在新的历史条件下的基本执政方式，意味着中国共产党作为中国唯一的执政党，其执政活动也必须受

---

① 《中共中央关于全面推进依法治国若干重大问题的决定》，人民出版社 2014 年版，第 4页。

到法律的规范和约束，必须严格依照法定程序和方式开展执政活动，其党员领导干部除了要严格遵守党内法规之外，还必须带头遵守宪法和法律。确立依法行政为政府活动的基本准则，意味着掌握国家行政权力的各级政府必须依法取得、依法行使行政权力，并依法承担行政行为后果的相应责任。依法治国、依法执政、依法行政本身就是一个整体，其中依法治国是总方向和总目标，依法执政和依法行政是决定依法治国实现程度的关键因素，依法治国、依法执政、依法行政三者必须协调一致，共同推进。

法治国家是从最高层面设定的国家属性，它是一个国家区别于封建人治社会的根本标志，是衡量国家进步的基本标准，它要求国家和社会生活的各方面都要依法进行。法治政府是政府法治建设的目标，它要求政府的行政权力必须依法取得、依法行使，并依法承担责任，即国家行政权力必须法治化。法治社会是社会建设的重要目标，它要求除行使国家公权力以外的政党、社会团体、法人、组织、个人等都必须依照法律的规定行使权利、履行义务，并对其行为后果承担相应的责任，即社会权利必须法治化。法治国家、法治政府、法治社会三者共同服务于法治中国建设，构成了法治中国的基本要素，它们相互联系，内在统一，缺少任何一个方面，全面推进依法治国的总目标都无法实现。因此，必须将三者同步规划、同步实施、一体建设。

（五）提出加强和改进党对法治建设的领导

党和法治的关系是法治建设的核心问题。中共十八届四中全会《决定》以专章内容对这一重大理论问题作出了详细说明，其中重要的观点有，"坚持党的领导，是社会主义法治的根本要求""党的领导和社会主义法治是一致的，社会主义法治必须坚持党的领导，党的领导必须依靠社会主义法治"。[①] 中共新一届中央领导集体不仅正面回应了这一敏感问题，而且从理论上讲清楚了党的领导与法治之间的辩证关系。但这并不意味着党的领导与法治之间已经实现了完美结合。相反，为了顺应法治潮流，必须一如既往地改善党的领导。

首先，要坚持依法执政。依法执政是依法治国的关键。从个人的角度

---

① 《中共中央关于全面推进依法治国若干重大问题的决定》，人民出版社 2014 年版，第 49 页。

讲，坚持依法执政要求各级领导干部必须首先带头遵守法律、依法办事，而不能以言代法、以权压法、徇私枉法。从组织的角度讲，坚持依法执政要求中国共产党要按照法律规定的制度和工作机制开展执政活动，而不是按个别领导人的意愿和个人意志执政。通过不断完善党委依法决策机制、定期听取政法机关工作汇报制度，落实党政主要负责人为推进法治建设第一责任人制度，及完善人大、政协、审判机关、检察机关的党组工作制度，政法委员会工作制度等来实现依法执政。

其次，要完善中共党内法规体系。完善以党章为核心的党内法规制度体系，是中共十八大以来中央对加强党的制度建设作出的一项重要战略部署。习近平多次强调，要推进"立体式、全方位的制度体系"① 建设，"把权力关进制度的笼子里"。② 根据这一要求，2013 年 11 月 27 日，中共中央发布了《中央党内法规制定工作五年规划纲要（2013—2017）》，确立了"到建党 100 周年时全面建成内容科学、程序严密、配套完备、运行有效的党内法规制度体系"③ 的目标。中共十八届四中全会再次对党内法规制度体系建设的重点进一步作出了详细安排，如要加大党内法规备案审查和解释力度，要注重党内法规同国家法律的衔接和协调，提高党内法规执行力，形成反对和克服"四风"④ 的长效机制，严格落实党风廉政建设党委主体责任和纪委监督责任等，为形成以党章为核心、纵横交错、规范有效的党内法规制度体系指明了方向。

最后，要提高党员干部法治素养。党员干部是中国共产党实现执政的最终载体，也是国家法治建设的组织者、实施者。党员干部特别是各级领导干部的法制观念、法治素养及依法办事的能力，对国家法治建设的速度和质量具有直接的决定作用，也对全社会法治习惯的养成具有重要的示范作用。提高领导干部的法治思维，培养他们运用法治方式发展经济、管理

---

① 参见习近平《习近平谈治国理政》，外文出版社 2014 年版，第 364 页。

② 《十八大以来重要文献选编》（上），中央文献出版社 2014 年版，第 332 页。

③ 《中共中央发布党内法规制定工作五年规划纲要》，《人民日报》2013 年 11 月 28 日，第 01 版。

④ 习近平在党的群众路线教育实践活动工作会议上指出，党内脱离群众的现象集中体现为形式主义、官僚主义、享乐主义和奢靡之风这"四风"上。见《十八大以来重要文献选编》（上）（中央文献出版社 2014 年版，第 310—312 页）。

社会的能力，并建立一套评价、考核领导干部是否做到依法办事的制度体系，才能从根本上解决依法执政中的难题。

二　完善以宪法为核心的中国特色社会主义法律体系

中国特色社会主义法律体系形成之后，国家立法工作的重点也随之转移到进一步发展和完善中国特色社会主义法律体系上来了。中共十八大以来，以习近平为核心的中共中央领导集体特别重视宪法的地位和作用，注重不断健全宪法的实施和监督解释机制，并本着科学立法的精神和原则不断完善以宪法为核心的中国特色社会主义法律体系，以确保法治中国建设有"良法"可依。

（一）提出健全宪法实施和监督制度的基本思路

中华人民共和国宪法是中国共产党和中国人民意志的集中体现，如何将这一共同意志落到实处一直是中国法治建设中的一个难题。尽管宪法实施的问题早就被提出，但一直没有找到科学有效、适合中国法制特点的运行机制来将其落到实处。"依宪治国""依宪执政"的提出从理念上解决了宪法虚位的问题，但这还不够，还需要设计一套制度来保证这一理念的真正落实。中共十八届四中全会决定在解决这一问题上迈出了实质性步伐。

完善宪法监督制度和解释程序。强化全国人大及其常委会解释宪法的功能，包括明确宪法解释提请的条件，宪法解释请求的提起和受理，宪法解释案的审议、通过和公布等具体程序，增强宪法的适应性和可操作性，是宪法得以有效实施的基本前提。加强全国人大及其常委会对宪法和法律实施情况的监督检查，健全监督机制、监督程序，及时纠正违宪违法行为，是保证宪法有效实施的基本途径。同时，还要充分发挥社会主义协商民主在宪法监督中的重要作用，注重人民政协和统一战线的民主监督，组织引导各民主党派、人民团体和社会各界人士就宪法实施、宪法修改及宪法解释等重大问题开展深入调查研究，积极献言献策。另外，还要进一步拓展公民有序参与宪法监督的途径，探索建立意见处理和反馈机制，调动社会各界参与宪法监督的积极性，使宪法具有更加广泛和坚实的实施基础。

加大备案审查制度和能力建设。对法律、行政法规、地方性法规进行备案审查，是宪法监督的重要内容和基本环节。健全完善备案审查机制，加强立法监督机构的相互合作，建立协调沟通机制，切实提高法律监督人员的备案审查能力和水平，才能增强备案审查的实际效能，维护宪法和法律的统一。

加强对宪法的宣传和教育。宪法是人民权利的保障书，只有深入人心，走近人民群众，宪法的规定才会变成全体人民的自觉行动。中共十八届四中全会决定将每年12月4日作为"国家宪法日"，从而为集中宣传宪法、普及宪法提供了良好的契机。并决定建立宪法宣誓制度，通过庄严的形式强化宪法精神，提高宪法意识，培育宪法信仰。

（二）提出进一步完善国家立法体制的基本要求

立法体制是关于立法机关的设置、立法权限的划分以及立法权运行的基本原则和基本制度的总称。为了适应中国统一的、多民族的、单一的社会主义国家的基本国情，1982年宪法确立了中国统一而又分层次的立法体制。2000年通过的立法法又对全国人大、国务院、中央与地方的立法权限划分、立法程序、法的适用规范和备案审查作出了全面规范。随着中国经济社会的发展和全面深化改革的推进，现行立法体制需要根据新的形势和任务进行发展、完善。中共十八届四中全会就这一问题提出了具体明确的要求。紧接着，2015年3月15日第十二届全国人民代表大会第三次会议审议通过了《关于修改〈中华人民共和国立法法〉的决定》，为"科学立法"提供了程序、体制、制度上的依据。

首先，明确了中国共产党领导国家立法工作的方式。既然中国共产党是全面推进依法治国的领导者，自然也是国家立法工作的领导者。问题的关键在于如何实现中国共产党对立法工作的领导。由于中国共产党主要通过制定方针政策领导立法工作，故立法中如果涉及国家重大方针政策和体制的改变或调整，就必须要报中共中央讨论决定，以确保重大立法决策能够充分反映党的主张和人民的共同意志。中华人民共和国宪法是中国共产党领导人民依照法定程序制定的，宪法的修改是国家的重大政治活动，因此也必须在中共中央的统一领导下进行。

其次，要充分发挥全国人大在立法中的作用。立法是宪法赋予全国人大及其常委会的一项重要职权，健全人大主导立法工作的体制机制，是加强和改进立法工作的应有之义。中共十八届四中全会指出，对涉及综合性、全局性、基础性等重要法律草案的起草，要由全国人大相关专业委员会、全国人大常委会法制工作委员会组织有关部门参与起草。① 由于立法工作的专业性较强，对立法工作人员的专业素质要求较高，因此要在实践中逐步探索形成由立法机关主导，有关部门参加，专家学者、企事业单位、人大代表和人民群众共同参与起草法律法规草案的工作机制，并增加有丰富实践经验的专职常委比例，通过提高专业人员素质和制度建设并重的方式，提高立法质量。

再次，要加强和改进政府立法制度。行政法规、政府部门规章是中国改革开放以来形成的重要立法形式，也是保证宪法法律实施的重要途径。加强和改进政府立法，增强政府立法的公开性、透明性，必须不断完善公民参与政府立法的制度和机制，及时向社会公开行政法规和规章草案，广泛征求意见。对涉及权力与权利、权力与责任的重要行政管理法律法规必须由政府法制机构组织起草，以加强对行政权力的规范、制约，保障公民、法人和其他组织的合法权益不受其侵犯。

最后，要明确立法权力的边界。立法权限划分是立法体制的核心内容。科学合理地确定立法事项的范围及归属，明确不同立法主体在立法体制中的地位、相互关系，及各自制定的规范性法律文件的效力等级是从根本上防止部门利益冲突和地方保护主义的有效途径。尤其是对部门间争议较大的重要立法事项，要由决策机关引入第三方评估，在充分听取各方意见的基础上协调决定，不能久拖不决。② 通过有效的体制机制建设将各个立法主体的权限划分清楚，减少冲突和争议。2015年新修订的立法法进一步明确了中央与地方的立法权限，对全国人大及其常委会的专属立法权事项作了进一步细化，并赋予设区的市地方立法权。

（三）推进科学、民主立法原则深入发展

科学立法、民主立法是在构建中国特色社会主义法律体系的过程中形成的重要立法原则。科学立法是指立法活动要尊重和体现社会发展、社会关系发展变化以及法律自身发展演变的客观规律。民主立法是指立法活动

---

① 参见《中共中央关于全面推进依法治国若干重大问题的决定》，人民出版社2014年版，第10页。

② 同上。

必须体现人民群众的主体地位，充分反映人民群众的意志，保障人民参与立法的权利。提高立法质量，发挥立法的引领和推动作用，要求必须深入推进科学立法、民主立法，使每一项法律都符合宪法精神、反映人民意志。

充分发挥人大在立法工作中的组织协调作用。法律是社会利益关系的协调器，一部法律往往会涉及多个方面的利益关系和多个部门的权力与责任，立法工作的各个环节都需要各相关方面的共同参与与配合。充分发挥人大对立法工作的组织协调作用，是科学立法、民主立法的必然要求。通过完善从起草到论证，再到协调审议等覆盖立法所有环节的意见征询机制，确保民意能够得到充分表达；通过完善立法项目的征集和论证制度，确保全部社会主体都能够有序地参与到立法活动中来。促使科学、民主立法原则更加直接、更加具体、更加生动。

实现立法机关与社会公众的有效沟通。科学、民主立法要求立法机关必须了解公众的关注点和法律诉求，通过向政协委员、各民主党派和无党派人士、工商联和各人民团体征求意见，了解社会各界对法律草案内容的不同看法。通过建立重大利益调整论证咨询制度，确保各利益主体能够参与立法活动，充分表达利益诉求；通过建立公开征求意见机制及意见采纳情况反馈机制，拓展公民参与立法方式和途径，平衡各种利益，凝聚社会共识。

完善法律草案的表决程序。根据相关法律规定和现行实践，一般法律草案、修正案经过三次审议后即交付表决，这种表决通常是针对整个法律案进行的。由于整个表决不能充分反映人大代表或者常委会组成人员对法律草案涉及的关键问题的看法和主张，因此，对法律草案中的重要条款单独进行表决就是非常必要的。这是今后需要继续完善的立法制度。通过增加单独表决，既可以使人大代表或常委会组成人员对重要条款研究得更加透彻、更加深刻，也有利于使立法过程更加科学、民主和透明。

（四）强调加强重点领域的立法

随着中国特色社会主义法律体系的形成，国家政治、经济、文化、社会生活等各个方面总体上已经实现有法可依。中共十八大宣布，国家法治建设的重心转移到建立中国特色社会主义法治体系上。与此相适应，国家立法建设的重点也随之转移到进一步发展和完善中国特色社会主义法律体系上。中共十八届四中全会明确指出了今后需要加强立法的重点领域，从而为进一步完善中国法制建设指明了方向。

实现公民权利保障法治化。尊重和保障公民权利，是中国特色社会主义法治建设的基本原则，也是全面推进依法治国方略的重大部署。2004年，"国家尊重和保障人权"写入了宪法。之后，国家先后制订和实施了《国家人权行动计划（2009—2010 年)》《国家人权行动计划（2012—2015 年)》，修改了选举法、废止了劳动教养制度等，采取了一系列保障公民权利的措施。今后，国家将把立法重点放在完善"体现权利公平、机会公平、规则公平"的法律制度上，从保障公民的人身权、财产权和基本政治权利入手，通过健全公民权利救济途径，提高全社会的人权意识，使"国家尊重和保障人权"的规定真正落到实处。[1]

完善社会主义市场经济法律制度。不断完善社会主义市场经济法律制度，是社会主义市场经济运行规律的客观要求。中共十八届三中全会就市场经济体制改革提出了"建立统一开放、竞争有序的市场体系""使市场在资源配置中起决定性作用"[2] 的目标。为了确保这一目标的顺利实现，今后还要继续健全产权保护制度、激励创新制度、市场运行、监管等方面的制度，为国民经济健康发展提供全方位法律服务和法治保障。

完善社会主义民主政治法律制度。人民民主是社会主义的本质与核心，以法治的方式实现和保障人民民主是社会主义民主政治建设的必由之路。坚持人民主体地位，保障人民当家作主，必须以现有的民主政治制度为依托，坚持和完善人民代表大会制度、中共领导的多党合作和政治协商制度、民族区域自治制度及基层群众自治制度。特别是要重点加强社会主义协商民主制度建设，探索构建程序合理、环节完整的协商民主体系。[3]

此外，还要完善惩治贪污贿赂犯罪法律制度，建立健全社会主义文化法律制度，以及涉及民生保障、社会治理、生态文明建设等方面的法律制度。

---

[1] 参见《中共中央关于全面推进依法治国若干重大问题的决定》，人民出版社 2014 年版，第 11—12 页。

[2] 《十八大以来重要文献选编》（上），中央文献出版社 2014 年版，第 517 页。

[3] 参见《中共中央关于全面推进依法治国若干重大问题的决定》，人民出版社 2014 年版，第 13 页。

三　深入推进依法行政，加快法治政府建设

法治政府建设的目的是将政府的行政权力纳入法治化的轨道，以防止行政权力的任意扩张和随意使用。在 2004 年，中国就提出了建设法治政府的目标。中共十八大报告对法治政府建设的时间表和路线图作了明确规划。中共十八届四中全会再次就深入推进依法行政，加快建设法治政府做出了专门部署，进一步丰富和完善了法治政府建设的具体工作思路。

（一）政府履行职能须依法

政府依法全面履行职能，是处理好政府和市场、政府和社会关系的关键环节，是完善社会主义市场经济体制、实现国家治理体系和治理能力现代化的必然要求，也是适应中国经济社会结构深刻变化的迫切需要。依法全面履行政府职能。

首先必须在坚持职权法定、全面履职、权责统一原则的前提下，依法规范各级政府的事权。为了解决改革实践中存在的中央和地方经济社会事务管理权责边界模糊、职能错位、事权划分缺少法律依据等问题，中共十八届四中全会决定指出，今后要特别强化中央政府宏观管理、制度设定职责和必要的执法权，强化省级政府统筹推进区域内基本公共服务均等化的职责，市县政府则以强化执行为主。① 通过制定和完善相关法律，界定和明确中央和地方各级政府的事权，减少上级政府随意向下级政府授权的状况，确保各级政府权力依法确定。

其次，要推进行政组织、程序法制化。针对行政机关职能交叉、机构重叠、政出多门，许多行政行为行使程序不明确、自由裁量权较大等问题，今后需要进一步加快相关法律制度建设，使政府权力的来源更加具体、权力的边界更加清晰，并将各种抽象行政行为和具体行政行为全部纳入法治化轨道，使依法行政真正落到实处，否则，法治政府建设就是一句空话。

最后，要建立权力清单制度。推行政府权力清单是中共十八大以来政治体制改革的重要内容。落实好权力清单制度，必须全面梳理权力事项，

---

① 参见《中共中央关于全面推进依法治国若干重大问题的决定》，人民出版社 2014 年版，第 16 页。

明确权力边界,将包括行政审批在内的所有法律赋予的权限、职责及程序都要进行梳理,为全面依法履行政府职能提供必要的前提和基础。必须编制权力清单,对政府权力产生的依据及实施主体进行确认或设定,并予以公开,主动接受社会监督。最后,还要完善相关制度,分解细化行政权力行使的具体过程和环节,以便更好地追究行政主体的责任。

(二) 依法决策机制须健全

"决策是行政行为的起点,规范决策行为是规范行政权力的重点,也是法治政府建设的前提。"① 健全依法决策机制既能够避免政府决策中尊重客观规律不够、发扬民主不够、尊重法律不够等方面的问题,还能够提高决策质量,控制决策风险,及时纠正不当决策,不断增强政府公信力和执行力。健全依法决策机制是全面推进依法治国的一项重要任务。中共十八大报告明确指出,建设法治政府必须"坚持科学决策、民主决策、依法决策,健全决策机制和程序"② 等,中共十八届四中全会对依法决策机制的健全和完善提出了具体、清晰的思路。

首先,要确定重大决策的法定程序。重大决策事关改革发展稳定的大局,行政机关在作出重大决策时必须遵循科学、民主、守法的原则。对关系群众切身利益的事项,必须广泛听取社会公众特别是利害关系人的意见。对专业性、技术性较强的决策事项,必须组织专家、专业机构进行论证评估。对决策风险必须进行排查和评估,并将评估结果作为决策的重要依据。另外,必须对决策的内容及程序进行合法性审查。

其次,要建立政府法律顾问制度。政府法律顾问制度是促进依法科学民主决策的重要保障。中共十八届四中全会决定指出,"积极推行政府法律顾问制度,建立政府法制机构人员为主体、吸收专家和律师参加的法律顾问队伍,保证法律顾问在制定重大行政决策、推进依法行政中发挥积极作用。"③ 这样,既可以为各级政府决策提供专业的法律意见和建议,降低决策风险和成本,还可以提高政府工作人员依法决策的能力。

---

① 袁曙宏:《健全依法决策机制》,《经济日报》2014年11月27日,第8版。
② 《十八大以来重要文献选编》(上),中央文献出版社2014年版,第22页。
③ 《中共中央关于全面推进依法治国若干重大问题的决定》,人民出版社2014年版,第16页。

再次，要建立重大决策终身责任追究制度和责任倒查机制。有权力就意味着有责任，责任追究制度不完善、落实不到位，依法决策就是一纸空文。坚持有错必究、有责必问是建设法治政府的根本保障。建立重大决策终身责任追究制度及倒查机制，确保决策权力与责任相统一，减少决策失误，是实现科学决策的有效途径。

（三）深化行政执法体制改革

"行政执法体制是法律实施体制的关键环节。"① 深化行政执法体制改革是确保法律实施和依法行政的迫切需要，也是保障人民群众合法权益，促进经济社会持续健康发展的必然要求。完成继续深化行政执法体制改革的任务，要在坚持减少层次、整合队伍、提高效率的原则下，抓好以下几个重点工作。

一是要减少市县执法队伍种类，推进综合执法。鉴于目前各部门分专业设立执法队伍，不仅执法力量分散，而且造成了多重执法、交叉执法，加重了企业和群众的负担。今后将按照有利于综合执法的原则继续推进"大部制"改革，将职能相近的部门进行分类合并，并进一步理顺行政执法体制，规范市县两级政府的行政执法行为，加大监管力度，提高执法质量和水平。

二是要依法规范各类执法行为，做到公正文明执法。规范行政执法行为首先要完善执法程序。建立涉及立案、监督检查、调查取证、行政决定等多个环节的执法全过程记录制度。明确具体操作流程，对直接影响人民群众切身利益领域的执法行为进行重点规范。执行重大执法决定法制审核制度，对实施主体、内容的合法性、适用法律的准确性、实施程序的正当性、处罚幅度的合理性等逐项进行审核。其次要规范行政自由裁量权的基准。将裁量种类、标准、范围、幅度进一步细化、量化，做到依法行使自由裁量权。最后要全面落实行政执法责任制，加大执法监督和责任追究的力度，严厉惩治执法腐败行为。

三是要加强执法队伍建设，提高执法人员素质。执法队伍的职业素质直接关系群众的利益和政府的形象。提高执法人员的素质必须严格执行执法资格管理制度，坚持上岗人员职业教育和培训制度，严格落实执法绩效

---

① 袁曙宏：《深化行政执法体制改革》，《光明日报》2013 年 11 月 27 日，第 2 版。

考核制度。此外,还要落实罚缴分离制度和收支两条线管理制度,破除部门利益,确保行政机关依法行使职权。

四是健全行政执法与刑事司法之间的衔接机制,理顺行政强制执行体制。解决二者之间的不协调问题,首先就要明确案件的移送标准和程序,建立司法机关与行政执法机关之间信息共享、有序移送。其次,要严格履行人民法院的生效裁定和判决,确保公正司法的最终实现。再者,还要理顺行政强制执行权体制。对当事人不履行行政执法决定的,要依法强制执行或向人民法院申请强制执行,以维护法律的权威和尊严。

(四)全面推进政务公开

政务公开是现代行政的一项重要制度安排,是强化权力运行制约和监督体系的重要手段,也是伴随着改革开放不断发展起来的一项重要制度。[1] 自中共十五大提出"实行政务和财务公开"以来,政务公开制度在中国不断发展完善,并逐步走向法治化轨道。中共十七大特别强调,"确保权力正确行使,必须让权力在阳光下运行。"[2] 紧接着,"推进政务公开"被写进了国务院工作规则。中共十八大以来,这一制度得到了进一步深化。中共十八届三中全会明确指出,"完善党务、政务和各领域办事公开制度,推进决策公开、管理公开、服务公开、结果公开。"[3] 从而使"公开"向更宽领域、更大程度、更深层次发展。中共十八届四中全会随之作出了"全面推进政务公开"的战略部署,对推进政务公开工作提出了具体明确的要求。

第一,坚持公开为常态,不公开为例外。坚持信息公开透明是政府提高自身公信力的必要手段。"决策公开、执行公开、管理公开、服务公开、结果公开"[4] 是政府对社会公众应尽的义务,而不是政府可以自由选择的权利。除了涉及国家秘密、商业秘密和个人隐私的重要信息之外,各级政府都要向社会及时公开各种政务信息,并将政务公开作为常态化工作机制,以提高权力运行的透明度,取信于民。

---

[1]　参见高虎城《全面推进政务公开》,《人民日报》2014年12月4日,第7版。

[2]　《十七大以来重要文献选编》(上),中央文献出版社2009年版,第25页。

[3]　《十八大以来重要文献选编》(上),中央文献出版社2014年版,第531页。

[4]　《中共中央关于全面推进依法治国若干重大问题的决定》,人民出版社2014年版,第19页。

第二，依据权力清单公开政府权力。权力清单制度是国际上较为通行的政务公开规则，它是指通过清单方式，把政府的各项权力公之于众，告诉社会公众政府的权力范围，促使政府规范履职行为，严格按制度办事。[1]"各级政府及其工作部门依据权力清单，向社会全面公开政府职能、法律依据、实施主体、职责权限、管理流程、监督方式等事项。"[2] 通过全面公开，减少权力滥用、权力寻租的空间和机会。

第三，推进政务信息公开和执法公示制度。推进政务信息公开，一方面要在政务公开的重点内容上下功夫，特别是对政府财政预算、重大建设项目、公共资源配置及社会公益事业建设等重大事项，要以尽可能快的速度和尽可能翔实的说明加以公开，保障人民群众的知情权，降低社会矛盾的爆发率；另一方面要不断创新政务公开的方式和手段，发挥互联网及其他电子通信技术的优势，使政府服务更加高效便民。同时，要进一步推行执法公示制度，对行政机关在重点领域的履职情况依法进行公开，公开的范围包括执法依据、执法程序、执法结果，提高执法透明度。通过推行执法公示制度，强化对行政执法活动的监督和规范。

此外，新一届中央领导集体还就加强行政权力的制约和监督作出了具体的设计和规划，基本思路是通过进一步完善政府内部层级监督和专门监督来加强对行政权力的制约和监督。

四 深化司法体制改革，维护司法公正

司法体制是司法机构组织体系和司法制度的统称，它是国家法律制度的重要组成部分，也是国家政治体制的重要组成部分。司法体制改革是指在宪法规定的司法体制基本框架内，实现国家司法组织体系和司法制度的创新、发展和完善。中共十八大以来，以习近平为核心的中共新一届中央领导集体在继承中国改革开放 30 多年来司法体制改革经验的基础上，明确提出"进一步深化司法体制改革，坚持和完善中国特色社会主义司法

---

[1] 参见高虎城《全面推进政务公开》，《人民日报》2014 年 12 月 4 日，第 7 版。

[2] 《中共中央关于全面推进依法治国若干重大问题的决定》，人民出版社 2014 年版，第 19 页。

制度"① 的新任务。在这一精神的指引下，中共十八届三中全会布置了"确保依法独立公正行使审判权检察权""健全司法权力运行机制""完善人权司法保障制度"② 等三项改革任务。紧接着，中共十八届四中全会从全面推进依法治国的高度出发，以"保证公正司法，提高司法公信力"为目标对司法体制改革的内容作了详细的安排和部署。

(一)　完善确保依法独立公正行使审判权和检察权的制度

公正是司法体制改革的基本价值取向，也是依法治国对司法机关提出的基本要求。司法权是一种居间裁判的权力，要确保裁判公平公正、不偏不倚，首先保证这种裁判是在意志独立的状态下作出的，因为任何非法干扰都会影响司法的公正性。排除非法干扰是实现司法公正的首要前提。为此，中共十八届四中全会提出建立领导干部干预司法活动、插手具体案件处理的记录、通报和责任追究制度。并严厉警告各级党政机关和领导干部，任何人都不得干预司法活动。对干预司法机关办案的，要给予党纪政纪处分，甚至依法追究刑事责任。③ 这些规定为党政机关和领导干部干预司法活动画出了红线，为实现司法公正提供了有力保障。

其次，要完善生效裁判执行制度。法院的判决、裁定是具有强制执行力的法律文书，树立司法权威，提高司法公信力，必须保证生效的司法裁判能够得到有效执行。但执行难是长期以来司法实践中存在的一个老大难问题。现实中，拒不执行生效的判决、裁定，藐视法庭、干扰、妨害法庭秩序，侮辱、暴力威胁法官、执法人员的现象时有发生，严重损害了司法权威。中共十八届四中全会提出，要完善惩戒妨碍司法机关依法行使职权、拒不执行生效裁判和决定、藐视法庭权威等违法犯罪行为的法律规定。④ 为今后进一步完善相关法律制度，惩治妨碍司法机关依法行使职权的行为，追究其法律责任提供了法律依据，对维护法院判决裁定的严肃性，树立司法权威，将发挥巨大作用。

最后，要建立健全司法人员履行法定职责保护机制。司法活动事关当

---

① 《十八大以来重要文献选编》(上)，中央文献出版社2014年版，第22页。

② 同上书，第530页。

③ 参见《中共中央关于全面推进依法治国若干重大问题的决定》，人民出版社2014年版，第20—21页。

④ 同上书，第21页。

事人的权利义务和利益归属，事关罪与非罪。司法人员经常处在矛盾和利害关系的焦点，时时面对各种干扰、压力和私情。为了解除司法人员的后顾之忧，培育司法人员公正司法的职业品格，中共十八届四中全会提出建立健全对司法人员在履行职责时的保护机制，强调非因法定事由，非经法定程序，不得将法官、检察官调离、辞退或者作出免职、降级等处分。① 这项建议是确保法官、检察官依法独立公正行使职权的重大改革措施，对于切实保障法官、检察官严格司法、秉公办案，有效防止个别人利用职权干涉司法，具有重要意义。

（二）进一步优化司法职权配置

司法职权配置是司法制度的重要内容，它指各项司法职权在各司法机关之间分配及其相互关系的制度设计。科学合理地配置司法职权，是推进司法体制改革的重要内容，也是确保司法公正的重要途径。中共十八届三中全会提出了"优化司法职权配置，健全司法权力分工负责、互相配合、互相制约机制"② 的重要任务。中共十八届四中全会进一步对优化司法职权配置的主要措施进行了具体安排。

第一，健全司法权配置的体制机制。强化公、检、法及司法行政机关四者之间职能的独立性，减少相互之间的干预是改革的重点；同时对工作中需要相互配合的领域要实现有效衔接，减少互相扯皮现象；还要加大司法权力之间的监督力度，健全监督制约机制，确保司法权公正、高效、廉洁运行。

第二，推进审判权和执行权相分离。审判权是居间裁判，执行权则带有行政权力的性质，推动实行审判权与执行权相分离符合这两种权力各自的性质，是世界通行的做法。由于执行难在一定程度上影响了司法的权威性和公正性，近年来，人民法院一直在积极探索审判权与执行权分离的模式，中共十八届四中全会在肯定这一总体思路的基础上，提出"推动实行审判权和执行权相分离的体制改革试点"③，从而在优化司法职权配置

---

① 参见《中共中央关于全面推进依法治国若干重大问题的决定》，人民出版社 2014 年版，第 21 页。

② 《十八大以来重要文献选编》（上），中央文献出版社 2014 年版，第 530 页。

③ 《中共中央关于全面推进依法治国若干重大问题的决定》，人民出版社 2014 年版，第 21 页。

中迈出了重要的一步。

第三，改革刑罚执行体制。在刑事诉讼中，执行是整个诉讼活动的最后环节，也是刑事司法正义得以实现的最后环节。刑罚执行制度是刑事司法制度的重要组成部分。目前中国已经形成了监狱监禁刑和社区矫正非监禁刑相结合的刑罚执行制度。中共十八届三中全会提出加快社区矫正立法，健全社区矫正制度的重要任务。中共十八届四中全会再次要求完善刑罚执行制度，并针对中国刑罚执行权过于分散，不利于统一执行标准的状况，提出统一刑罚执行体制的改革任务，以实现不同种类刑罚执行之间的协调一致、相互衔接，更好地发挥刑罚教育人、改造人的功能。

第四，建立司法行政事务管理权与审判权、检察权相分离的制度。导致司法不公的最主要原因是司法权的不独立，而司法权不独立的最主要表现就是司法机关在干部的任免、使用上，在经费、财物的取得上没有相应独立的体制机制保障，常常受制于同级党委和政府，在这样的情况下，司法权难免会受到各种各样的干预。推动省以下地方法院、检察院人财物统一管理是这次司法体制改革的破冰之举，也是实现司法独立、公正的最值得期待的措施。

（三）保障人民群众参与司法

人民群众参与司法是维护司法公平正义的客观需要，也是扩大司法民主、强化司法监督的重要途径。[①] 中共十八届四中全会决定根据人民主权的宪法原则，从扩大依法治国的群众基础出发，将"保障人民群众参与司法"作为"保证公正司法、提高司法公信力"的一项重要任务作出了明确部署，为司法体制改革指明了方向。

第一，保障公民陪审权利。吸收公民参审或者陪审是世界各国通行的做法。为了保障人民群众参与司法，中国建立了人民陪审员制度、见证人制度、司法调解制度、人民监督员制度等多种制度。今后要继续加大人民群众在司法活动中的参与范围和参与力度，特别是在涉及群众切身利益的诉讼活动中要进一步扩大公众参与权。同时，还要继续加大人民陪审员制度改革力度，从数量、方式、范围、职权等方面确保人民陪审员广泛、充分、有序、高效地参与司法审判，并不断完善人民监督员制度，满足人民

①　参见姜伟《保障人民群众参与司法》，《光明日报》2014年11月27日，第1版。

对公平正义的期待，提升司法公信力。

第二，深化司法公开。公正、公开从来都是不可分割的统一体系。司法公正的原则要求国家必须充分保障公民对司法工作的知情权和监督权，建立司法公开制度就成为满足这一要求的唯一选择。中共新一届中央领导集体提出要构建开放、动态、透明、便民的阳光司法机制，试图通过司法公开更有效地促进司法公正，从而更好地树立司法公信力。推进司法公开包括进一步推进人民法院公开审理案件，建立检察机关终结性法律文书公开制度、完善办案信息查询系统；进一步推进警务公开、狱务公开；进一步推进信息化建设，以信息化手段拓展司法公开的广度和深度，加强司法部门与群众之间的交流互动和有效沟通。

（四）加强人权司法保障

尊重和保障人权，让每一个人享有越来越多的权利和自由，是社会主义制度的本质要求，也是全面建成小康社会的重要目标。高度重视并充分发挥司法在人权保障中的突出作用是中共十八大以来的重要部署。中共十八届四中全会针对当前人权司法保障中存在的问题，就司法机关在诉讼活动中如何加强人权保障，提出了一系列具体措施和明确要求，为全面落实国家尊重和保障人权的宪法原则指明了方向。

第一，强化诉讼权利保障制度。诉讼权利保障制度的制定和落实状况在一定程度上反映了一个国家的法治水平和人权保障基准。强化诉讼权利保障制度，首先必须通过设立相关的法律制度，切实保障公民在诉讼过程中的各项权利；其次，要对刑事诉讼中不利于人权保护的制度进行改革，建立健全确保"罪刑法定""疑罪从无"原则能够得到切实执行的具体制度，并探索排除非法证据的有效方法和相关制度；再次，加大对限制人身自由的司法措施及侦察手段的监督力度，使冤假错案能够得到有效防范和及时纠正。

第二，建立并完善解决执行难的法律制度。生效的法律文书不能执行，意味着胜诉者的合法权益不能得到有效保障，司法活动失去了存在的意义。因此，加强人权司法保障必须解决执行难的问题。目前，国家没有制定统一的强制执行法，对涉案财物的处理也缺乏相应的司法程序，在执行过程中恶意逃避、暴力抗法的现象时有发生。解决这一问题，必须从多个角度着手，包括制定强制执行法，建立信用监督制度及对失信人威慑和惩戒的法律制度，加大暴力抗拒和恶意逃避行为的制裁力度等。只有这样，惩恶扬善的司法目的才能最终实现。

第三，要充分保障当事人的申诉权利。申诉权是宪法和法律赋予公民监督国家机关行使职权，维护自身合法权益不受侵害的救济权利。有关机关和部门对当事人依法进行申诉的行为，不得采取扣押其申诉材料、限制其人身自由、扣押其合法财产、堵截其上访等非法手段进行阻挠。为了保障当事人的申诉权利，国家将实行诉访分离制度，依法将涉诉信访和普通信访明确区分开来，对属于司法机关职责范围内的涉诉信访，将由司法机关依法办理；对普通信访则由国家信访部门处理，不得进入司法程序。为了防止和杜绝乱申诉、无理申诉，国家将逐步实行律师代理和援助制度。

(五) 完善对司法活动的监督

没有监督的权力必然导致腐败，加强对司法权力的监督是构建法治监督体系的重要内容。规范和约束司法权的行使，纠正司法活动中有法不依、执法不严、违法不究的问题，是解决司法突出问题的治本之策，也是完善监督管理机制、完善中国特色社会主义司法制度的重要方面。①中共十八届四中全会积极回应人民群众对司法公正的期盼，将加强对司法活动的监督作为"确保司法公正、提高司法公信力"的重要内容，进行了部署。

第一，完善检察机关的监督权。人民检察院是国家的法律监督机关，发挥好检察机关的监督作用是完善中国法制监督体系最直接、最有效的途径。完善检察机关的监督职权、监督程序、监督范围、监督手段和措施，制定加强检察机关监督重大司法活动的相关制度，并进一步完善检察机关对民事执法活动、刑事诉讼活动的监督范围、程序和方式等等，以保障检察机关监督职能的完全实现和充分发挥。此外，还要尽快修改人民检察院组织法和检察官法。完善人民检察院职权及行使职权的程序、活动原则、组织体系、机构设置、人财物的管理，完善检察官管理和职业保障制度等，为检察机关充分履行法律监督职责提供有力的组织制度和人财物保障。

第二，建立人民监督员制度。人民监督员制度体现了人民群众参与司

---

① 参见曹建明《加强对司法活动的监督》，《人民日报》2012年11月17日，第7版。

法、监督司法的重要精神，有利于促进司法公正的实现。中共十八届三中全会要求，"广泛实行人民陪审员、人民监督员制度，拓宽人民群众有序参与司法渠道。"① 为了落实这一改革任务，中共十八届四中全会指出人民监督员监督的重点要放在监督检察机关查办职务犯罪案件的执法活动上，例如，立案、羁押、扣押冻结财物、起诉等活动。② 为此，必须进一步完善人民监督员的产生方式，扩大其监督范围，健全其监督程序，保障其监督权利等，并通过制定相应的法律，实现人民监督员制度法制化。

第三，加强司法作风建设，严惩司法腐败。司法作风反映和体现着党的作风，建立健全司法作风建设长效机制，坚决破除各种潜规则，杜绝关系案、人情案、金钱案，克服司法工作中的官僚主义及粗暴行为，是司法作风建设中需要长期改进的工作。司法腐败是最大的腐败，坚决扫除司法腐败，确保司法公正、廉洁，必须建立终身禁止从事法律职业的相关制度，从源头上整肃司法队伍。只有严格要求法律从业人员，才能体现法治的严厉性、体现法律职业的严肃性，进而才能维护社会公平正义。

此外，以习近平为核心的中共新一届中央领导集体还就增强全民法制观念、推进社会依法治理，加强法制工作队伍建设等方面的问题作出了具体的安排和部署，为全面落实依法治国方略提供了全面、具体、详细的指导。

第三节　最新发展时期的中国特色社会主义法制思想对中国特色社会主义法学理论的突出贡献

以习近平为核心的中共新一届中央领导集体高度重视法治建设，专门以中央全会的形式讨论了法治建设的相关问题，对全面推进依法治国的总目标、指导思想、基本原则和具体措施作出了专项部署，并正面回答了一

---

① 《十八大以来重要文献选编》（上），中央文献出版社 2014 年版，第 530 页。

② 参见《中共中央关于全面推进依法治国若干重大问题的决定》，人民出版社 2014 年版，第 25 页。

系列群众关心的重大问题，坚决、果断地作出了走中国特色社会主义法治道路的重要论断。最新发展时期的中国特色社会主义法制思想对中国特色社会主义法学理论的发展完善作出了突出贡献。

一　指明了"走中国特色社会主义法治道路"的正确方向

法治是政治文明建设和政治体制改革的重要组成部分，法治建设走什么样的道路关乎国家前途、民族命运、人民幸福。全面推进依法治国，必须首先明确道路问题。中国特色社会主义法治道路的提出，是对新中国成立60多年来，特别是改革开放30多年来中国法治建设经验和成果的高度总结，也是对中国未来法治发展方向的精练概括。

中国特色社会主义法治道路的核心要素至少包括八个方面的基本内容：一是制度基础，即必须坚持中国特色社会主义制度；二是领导核心，即必须坚持中国共产党的领导；三是指导思想，即必须坚持以马克思列宁主义、毛泽东思想、邓小平理论、"三个代表"重要思想、科学发展观和习近平系列重要讲话精神为指导；四是总目标，即以建设中国特色社会主义法治体系，建设社会主义法治国家为目标；五是总要求，即必须"坚持党的领导、人民当家作主与依法治国的有机统一"；六是基本原则，即必须坚持平等原则及人民主体地位、依法治国与以德治国相结合、从实际出发等基本原则；七是总布局，即坚持"依法治国、依法执政、依法行政共同推进"，坚持"法治国家、法治政府、法治社会一体建设"；八是总方针，即实现科学立法、严格执法、公正司法、全民守法，促进国家治理体系和治理能力现代化。

中国特色社会主义法治道路是立足中国国情、符合中国人民愿望、顺应中国经济社会发展要求的唯一正确道路。它也是马克思主义法制思想与中国实际相结合的典范，是社会主义法治建设理论创新和实践创新的结晶，它不仅为中国法治建设指明了方面，而且为其他处于现代化进程中的国家提供了有益参考。

二　提出了"建设中国特色社会主义法治体系"的历史任务

法治是现代国家治理的基本方式。在追求法治的道路上，中国共产党和中国人民顺应历史潮流，先后提出了中国特色社会主义法制建设、"依法治国""法治中国"等基本概念和目标。中共十八届四中全会在中国特色社会主义法律体系已经形成的基础上，正式提出了"建设中国特色社会主义法治体系"的总目标。法治体系是涵盖立法、执法、司法、守法等领域的综合治理体系。建设中国特色社会主义法治体系是国家治理领域一场广泛而深刻的革命，它昭示着国家和社会生活的各个方面将逐步走向法治化、现代化。

这一宏伟目标的提出在中国法治理论发展史上具有重要的里程碑意义，它预示着中国将进一步摆脱传统人治社会的影响，大踏步走向现代法治社会，实行现代化国家治理模式。尽管中国在依法治国方面已经作出了许多努力，但传统人治思想的影响依然广泛而深刻地存在着。能否彻底摆脱人治传统的影响，将法确立为执政党、国家机关、社会团体和广大公民的共同行为准则，严厉的法治在国家各个领域得到贯彻落实，是中国治理体系能否走向现代化的关键所在。建设中国特色社会主义法治体系目标的提出，彰显了中国共产党领导国家消除封建人治传统影响、建设现代法治国家的决心，也标志着中国正式启动了从"法律体系"向"法治体系"彻底转变的航程。

中国特色社会主义法治理论与马克思主义法制思想是一脉相承的，它既保持了中国特色社会主义法治建设的阶级性、人民性特征，又与全面深化改革的总目标相适应，与现代化国家治理模式相衔接，从而实现了马克思主义法治理论在新的历史条件下的发展和创新。它创造了独具中国特色的崭新的法治文明，为世界法治文明的多样化发展作出了贡献。

三 回答了党如何领导依法治国的重大问题

自中共十一届三中全会以来，中国共产党就在不断地总结过去领导方式和执政方式的经验教训，不断思考、探索、完善处理党的领导与依法治国关系的思路、办法和途径。中共十六大提出了改革和完善党的领导方式和执政方式，坚持依法执政的思想。中共十八大确立了全面推进依法治国的重要任务，中共十八届四中全会深刻阐明了党的领导和依法治国之间的关系，为更好地坚持党的领导，完善依法执政提供了理论指南。

坚持党的领导与全面推进依法治国并不矛盾，它们在根本上具有一致性。这种一致性主要体现在以下三个方面：它们的性质根本一致，即都是社会主义的,都必须始终坚持社会主义制度和方向;它们的出发点根本一致,即都是为人民服务的,都必须始终把人民的利益放在第一位,以实现好、维护好、发展好最广大人民的根本利益为出发点和着眼点;二者的任务根本一致,都是为了更好地推进中国特色社会主义现代化建设。

坚持中国共产党对全面依法治国的领导,必须从以下两个方面着手:一方面,必须把中国共产党的领导贯彻到依法治国的全过程和各个方面,使立法、执法、司法及法律监督等各个环节都能够体现党的领导,但需要注意的是,这种领导一定是依法领导,而不是依个别领导人的个人意志领导,否则党的领导就会变成人治的化身;另一方面,必须根据实际需要不断改善党的领导方式和执政方式,处理好执政党与国家政权机关之间的关系,努力寻找实现执政的最佳途径。同时,要坚持依法执政,依据宪法和法律治国理政,依据党内法规管党治党,不断提高党领导依法治国的能力和水平。

四　全方位推进惩治和预防腐败制度体系建设

在全面从严治党方针的指引下,中共新一届中央领导集体将反腐败工作放在关系党和国家生死存亡的高度来抓。习近平多次强调,"反腐倡廉必须常抓不懈,拒腐防变必须警钟长鸣,关键就在'常''长'二字,一个是要经常抓,另一个是要长期抓。"[①] 不仅如此,他还提出要完善反腐败体制机制建设,力争从根本上消除腐败现象。"要加强对权力运行的制约和监督,把权力关进制度的笼子里,形成不敢腐的惩戒机制、不能腐的防范机制、不易腐的保障机制";"要强化制约,强化监督,强化公开,强化责任追究,不能让制度成为纸老虎、稻草人"。[②]

为了贯彻落实这些精神,2013年12月26日,中共中央印发了《建立健全惩治和预防腐败体系2013—2017年工作规划》,为党风廉政建设和

---

① 《习近平在十八届中央纪委二次全会上发表重要讲话》,《人民日报》2013年1月22日,第1版。

② 《习近平在十八届中央纪委三次全会上发表重要讲话》,《人民日报》2014年1月14日,第1版。

反腐败工作提供了重要依据。其中，惩治腐败体系建设包括加大查办违纪违法案件力度，严肃查处用人上的腐败问题，坚决查纠不正之风，着力解决群众反映强烈的突出问题等。预防腐败体系建设包括深化党风廉政教育，加强反腐倡廉法律法规制度建设，强化权力运行制约和监督，深化改革和转变政府职能等内容。此外，深入推进党风廉政建设和反腐败斗争，还必须健全相关的保障机制，包括健全反腐败领导体制和工作机制，落实各级党委在党风廉政建设和反腐败工作中的主体责任，改革党的纪律检查体制等，力争形成科学有效的惩治和预防腐败体系。

经过一系列"组合拳"的强力实施，一大批腐败分子受到了法律的严厉制裁，腐败现象得到了有效遏制，反腐败工作取得了实际成效。从治标走向治本，从"打虎拍蝇"式反腐走向制度反腐、法治反腐，已经成为未来反腐败工作的必然趋势。在2015年全国人大常委会工作报告中，反腐败国家立法已经被纳入中国未来重点立法领域之中。"反腐败立法承担着构建和完善'惩治和预防腐败体系'的重任，'法律群'正式出齐之日，就应当是中国惩治和预防腐败体系基本形成之时。"①

五 完善了人权司法保障制度

人权是具有普遍性、自然性、历史性、社会性的十分复杂的政治法律概念。自20世纪90年代中国共产党开始突破禁区，直面人权问题以来，中国人权保障事业得到了飞速发展。其中，2004年，人权入宪是中国人权事业发展中具有里程碑意义的事件，实现了人权保障的历史飞跃。为了继续推动中国人权保障事业，2012年，中共十八大明确将"人权得到切实尊重和保障"作为全面建成小康社会的重要目标。2013年，"完善人权司法保障制度"成为全面深化改革的重要内容。2014年，中共中央对加强人权司法保障作出了具体的制度安排。在人权保障的道路上，以习近平为核心的中共新一届中央领导集体带领全体人民不断进行体制机制创新，掀起了中国人权保障事业发展的新高潮，从而为马克思主义人权发展事业书写了闪亮的一笔。

人权的司法保障是人权保障体系的核心，它的实施状况对公民法律权

利的实现具有决定性意义。中共十八届四中全会决定对完善人权保障制度提出了新的要求,如进一步完善监督行政强制措施的相关司法制度;进一步完善保障诉讼主体行使知情权、陈述权、辩护辩论权及申请、申诉权的有关制度;健全落实罪刑法定、疑罪从无、非法证据排除等法律原则的法律制度;完善对限制人身自由司法措施和侦察手段的司法监督;健全冤假错案有效防范、及时纠正机制;制定强制执行法;建立失信被执行人信用监督、威慑和惩戒法律制度;保障当事人依法行使申诉权等。① 通过确立和保障公民的司法实体权利、规范司法权行使的程序,促使司法机关更好地发挥人权保障作用,有力地惩罚各种违法侵权行为,保障公民充分地享有宪法赋予的权利和自由。

中共十八届四中全会决定中关于加强人权司法保障的制度设计,对推动中国宪法人权条款的具体化,加大公民基本权利的保障力度具有重要意义。不仅如此,它还为中国人权司法保障制度的最终确立提供了政策依据,为中国人权保障法律制度体系的形成作出了重要贡献。但是,人权事业永无止境,只有全面确立社会主义法治精神和法治理念,将民主、自由、人权、公平、正义、依法治国、依法执政、依法行政、公正司法以及法律面前人人平等等社会主义法治原则贯穿于中国特色社会主义建设事业的始终,人权保障才能真正落到实处。

六 推动司法体制改革迈出实质性步伐

改革开放以来,司法体制改革作为政治体制改革的重要组成部分一直在不断推进。经过20世纪80年代以强化庭审功能、扩大审判公开、加强律师辩护、法官检察官队伍职业化为主要内容的改革,2004至2008年以完善司法机构设置、职权划分和管理制度为主要内容的改革,及2008年至2012年以优化司法职权配置、落实宽严相济刑事政策、加强司法队伍建设和司法经费保障为主要内容的改革以后,中共十八大将坚持和完善中国特色社会主义司法制度,确保审判机关、检察机关依法独立公正行使审判权、检察权提上改革日程,再次启动新一轮司法体制改革。

---

① 参见《中共中央关于全面推进依法治国若干重大问题的决定》,人民出版社2014年版,第24页。

2013 年 11 月，中共十八届三中全会将司法体制改革纳入全面深化改革的整体方略之中。2014 年 6 月，中央深化改革领导小组审议通过了深化司法体制改革的意见及实施方案，明确了司法体制改革的目标、原则、路线图和时间表，并确定在上海、广东、吉林、湖北、海南、青海 6 个省市先行试点。紧接着，2014 年 10 月，中共十八届四中全会从全面推进依法治国的战略高度，详细部署了"完善司法管理体制和司法权力运行机制"的一系列具体改革措施。自此，中国司法体制改革进入了顶层设计与实践探索相结合，整体推进与重点突破相结合，触及体制机制的实质性改革阶段。[①]

新一轮司法体制改革以"保证司法公正，提高司法公信力"为目标，以去地方化、去行政化、去隐秘化为导向，以完善司法人员分类管理、健全司法职业保障、加强司法责任及推动司法机关人财物统一管理，构建开放、动态、透明、便民的阳光司法机制为主要内容，涉及 60 多项具体改革任务。对比改革开放以来的几轮司法体制改革可以发现，前几轮改革的重点是在"工作机制"上，以审判和检察系统内部的改革为主，集中于技术层面，本轮改革则开始突破既有的司法体制框架，并置于国家总体改革的"大棋局"之中通盘考虑，是真正意义上的"体制改革"。[②] 此轮司法体制改革充分体现出中国共产党敢于突破思想观念束缚、突破利益固化藩篱、与长期困扰司法公正和司法权威顽疾作斗争的政治勇气和政治智慧，必将被载入司法体制改革和政治体制改革的史册。

总之，以习近平为核心的中共新一届中央领导集体面对新的时代条件、新的历史使命，果断作出了全面深化改革和全面推进依法治国的重大决策，为破除体制障碍，减少改革阻力，推动中国发展进入新常态迈出了关键的一步。以建设中国特色社会主义法治体系为目标，不断完善现有法律体系，健全宪法实施制度，加快法治政府建设，深入推进司法体制改革，增强全民法治观念，加强和改善中共对全面推进依法治国的领导等等，都是中共新一届中央领导集体在法治国家建设中的重要战略部署。最新发展时期的中国特色社会主义法制思想以当前法治中国建设中亟待解决

---

① 参见李林、熊秋红《积极稳妥有序推进司法体制改革试点》，《贵州法学》2014 年第 8 期。

② 参见车海刚《司法体制改革深度"试水"》，《学习时报》2014 年 6 月 30 日，第 001 版。

的问题为抓手,以满足人民群众对法治建设的新期待为目标,正确回答了法治中国建设中遇到的重大理论和实践难题,正式启动了中国法治建设的破冰之旅。以习近平为核心的中共新一届中央领导集体将马克思主义法制思想与当代中国实际相结合,不断推动中国特色社会主义法制思想体系走向科学化、系统化、完备化,是马克思主义法制思想中国化的最新理论成果,也是未来中国特色社会主义法治建设的思想理论指南。在这一思想的指引下,中国法治建设必将实现新的飞跃。

结语　中国特色社会主义法制思想发展历程的回顾与展望

　　回顾改革开放以来中国特色社会主义法制思想发展演变的历史进程，可以发现，高举中国特色社会主义伟大旗帜始终是其出发点和立足点，发展和完善中国特色社会主义民主、宪治、法治、人权始终是贯彻其间的鲜明主题。30多年来，中国共产党带领中国人民不断探索中国特色社会主义民主法制建设之路，经过不懈努力，终于顺利建成了中国特色社会主义法律体系，成功开创了中国特色社会主义法治道路。当前，国家正在为建设中国特色社会主义法治体系的崇高目标而奋斗。古老的中华民族已经踏上了现代法治文明的快车，实现着从"人治"到"法制"、从"法制"到"法治"、从"法治"到"宪治"的深刻转变。

一　中国特色社会主义法制思想形成发展之历史进程

　　自中共十一届三中全会作出"必须使民主制度化、法律化"的决策起，中国就正式开始了从"人治"向"法制"转变的艰苦历程。反思、纠正历史错误，恢复国家各项建设，确立法制在国家现代化建设中的重要地位，健全社会主义立法体制，加快国家立法速度，加大违法犯罪惩处力度，教育人们树立法制观念等一系列决策的制定和实施，预示着新中国法制建设进入了重建和迅速发展的历史时期，也标志着中国共产党对民主法制建设的认识产生了历史性飞跃。重新思考社会主义法的本质，正确认识人治与法治、民主与法制、经济建设与法制、党的领导与法制之间的关系，科学回答中国特色社会主义法制建设中的基本理论和实践问题等，这一系列重要法制思想的提出标志着中国特色社会主义法制思想基本形成。

1992 年，中共十四大关于社会主义市场经济体制改革的决定，启动了中国经济领域的根本性变革。随着经济体制改革的逐步推进，加快经济立法，建立社会主义市场经济法律体系，实现从"法制"向"法治"的转变也成为历史必然。1997 年，"依法治国，建设社会主义法治国家"宏伟目标的确立，为中国实现从"法制"向"法治"的彻底转变指明了方向。从规划建立社会主义市场经济法律体系，到初步建成中国特色社会主义法律体系，再到全面推进依法行政、加大人权保障力度、建立法律监督体系、加速普及法制教育等一系列重大决策的部署和贯彻落实，为中国法治建设打下了坚实的基础，也标志着中国特色社会主义法制思想在新的时代条件下进入了新的发展阶段。依法治国方略的提出，自由、平等、公正等法治精神的确立，权力制约与监督理念的引入，大大丰富了中国特色社会主义法制思想。

中共十六大之后，全面建设小康社会进入关键时期，中国法制建设也随之进入了新的发展阶段，中国民主政治建设逐步开始从"法治之治"向"宪法之治"转变。继续完成构建中国特色社会主义法律体系的历史任务，加快法治政府建设，改革司法制度，健全法制监督体系，完善民主实现形式，建立以宪法为核心的人权保障制度体系等一系列决策的实施，推动中国法治建设稳步向前迈进，促使具有中国特色的社会主义宪治之路开始形成。在"法治"向"宪治"逐步转变的过程中，中国特色社会主义法制思想也得到了进一步丰富和完善。"以人为本"法哲学观的确立，法制"和谐"价值目标的提出，尊重和维护宪法权威的强调，"依宪治国""依法执政""依宪执政"理念的提出，科学、民主立法精神的发扬，尊重和保障人权思想的深化等都是进一步发展时期中国特色社会主义法制思想走向系统化、成熟化的标志。

2012 年，随着全面建成小康社会进入决定性阶段，中国法制建设也进入了加快发展的历史时期，中国民主政治建设开始全面向"法治"直至"宪治"的实质性转变迈进。中共十八大作出了"全面推进依法治国"的战略部署，中共十八届四中全会专门研究了这一问题，确立了全面推进依法治国的战略目标，部署了继续完善现有法律体系、健立宪法实施机制、深入推进依法行政、深化司法体制改革、加强人权司法保障、加强和改善党对依法治国的领导等一系列具体改革任务，促使中国特色社会主义法治建设逐步向更深层次发展。在实现向"法治""宪治"彻底转变的过程中，中国特色社会主义法制思想继续向纵深发展。全面法治理念、依宪治国思想和公正司法理念的实质化、具体化，及中国特色社会主义法治道路的正式形成，都是中国特色社会主义法制思想最新发展时期的理论成果。

二　中国特色社会主义法制思想形成发展的规律性特征

规律性特征是客观事物在发展过程中呈现出来的带有必然性、稳定性联系的基本征象和标志。回顾中国特色社会主义法制建设的历程，我们可以发现，有几条基本的规律性特征始终贯穿其中，使其深深地烙上了"社会主义"及"中国特色"的鲜明印迹。

（一）立足本国国情、吸收借鉴各种法治文明的思想精髓，是中国特色社会主义法制思想独具特色的根本方法论

"一切从实际出发""具体问题具体分析""实事求是"，是马克思主义教给我们分析问题、解决问题的基本思想方法，将这一方法运用在法治建设中就是要从中国国情、社情、民情的具体实际出发，寻找符合中国实际的民主法制建设道路。经过改革开放30多年来的艰辛探索，中共十八届四中全会明确宣布，全面推进依法治国必须"坚定不移走中国特色社会主义法治道路"。[①] 它既不是苏联法制模式的照搬，也不是西方法治模式的移植，而是依据中国社会主义初级阶段的基本国情，按照改革开放和社会主义现代化建设的实践要求作出的必然抉择。中国特色社会主义法制思想体系同马克思主义理论体系一样，是一个开放、包容的思想体系。一方面，它能够正确对待中国法制传统，既不顶礼膜拜，也不视其为敝屣；另一方面，它又能够正确对待域外法制传统与现实，既不盲目照搬，也不视而不见，一律排拒。在恪守马克思主义法制思想基本原则的基础上，吸收中国古代传统法制思想的智慧和精华，积极学习借鉴西方法治文明成果，立足本国基本国情，创造中华民族新的法制文化，是中国特色社会主义法制思想体系所拥有的独特方法论。30多年来，中国法制建设之所以

---

① 《中共中央关于全面推进依法治国若干重大问题的决定》，人民出版社2014年版，第4页。

能够取得如此成就，也正是因为中国共产党和中国人民能够熟练掌握并灵活运用这一根本方法。

（二）尊重人民主体地位、维护人民切身利益，是中国特色社会主义法制思想永葆本色的根本价值观

人民群众是历史的创造者，"一切为了群众，一切依靠群众，从群众中来，到群众中去"① 是马克思主义群众观点和群众路线的基本内容。中国共产党自成立以来就将马克思主义群众观作为自己对待人民群众的根本观点，将群众路线确立为自己的根本工作路线。改革开放以来，中共历届中央领导集体在带领人民群众开展社会主义现代化建设的过程中都自觉坚持并不断发展着这一要求。从提出"三个有利于"是非得失判断标准，到提出"三个代表"重要思想，再到科学发展观，"中国梦"，无一不是马克思主义群众观的继承、发展和创新。这些思想运用在中国法治建设中则体现为：法治建设为了人民、依靠人民、造福人民、保护人民，以保障人民根本权益为出发点和落脚点。② 维护人民群众的切身利益，尊重人民群众的主体地位也是中国法制建设的根本目的。历史证明，中国共产党带领人民建设社会主义法制的 60 多年，就是不断满足人民群众追求经济、政治、文化、社会等各方面权利的历程。坚持人民主体地位、实现人民当家作主、保障人民根本利益，仍将是未来中国共产党领导人民全面推进依法治国的根本目标和任务所在。

（三）抓住主要矛盾、处理好关键问题是中国特色社会主义法制思想适应形势发展变化的具体方法

唯物辩证法认为，主要矛盾在事物发展过程中处于支配地位，对事物发展起决定作用，因此，办事情要着重把握主要矛盾，抓重点、抓关键。将这一基本原理运用到中国法制建设中，就是要牢牢抓住影响中国法制建设的决定性因素，处理好主要矛盾和次要矛盾的关系。仔细分析中国社会主义民主政治的构成，可以发现其中有三个要素非常关键，即党的领导、人民民主、依法治国。这三个要素互相结合，构成了三种基本政治关系，

---

① 《中国共产党章程》，人民出版社 2012 年版，第 18 页。

② 参见《中共中央关于全面推进依法治国若干重大问题的决定》，人民出版社 2014 年版，第 6 页。

即党的领导与人民民主，党的领导与依法治国，依法治国与人民民主。①
从历史上看，这三个要素相互依赖、相互制约，自新中国成立以来就存在
于中国民主政治建设之中，并实际左右着中国民主法制建设的状况和进
程。深刻总结新中国民主法制建设的历史教训可知，能否处理好这三个要
素之间的关系在某种程度上决定着中国未来法治建设的速度和质量，同
时，也考量着中国共产党的政治智慧和政治勇气。经过几代中国共产党人
的努力探索，最终形成了"党的领导、人民当家作主和依法治国有机统
一"的认识，从而深刻揭示了中国社会主义政治文明的本质和特征，为
解决法制建设中的重大问题提供了必须遵循的根本政治原则。

（四）全面深入推动改革开放是中国特色社会主义法制思想持续前进
的动力机制

自中共十一届三中全会作出改革开放的伟大决策以来，中国就进入了
一个崭新的时代。国家相继启动了经济体制、政治体制、文化体制、社会
体制等多方面的改革，同时还不断扩大同世界各国在经济、政治、文化等
方面的合作与交流。并且，随着时间的推移，改革的力度不断加大，开放
的程度不断深化。自 2012 年起，中国步入了全面深化改革开放的历史时
期，加快形成新的发展方式，促进社会公平正义、和谐稳定，增强中国体
制优势和国际竞争力，都迫切需要在更深层次、更广领域、更大程度上推
进改革开放。可见，30 多年来，改革开放一直是中国发展的主题，而且
这一主题将一直伴随着中国走向现代化的全过程。法制建设作为国家建设
的重要组成部分，也无法脱离改革开放这一主题。回顾中国特色社会主义
法制思想的发展历程，我们可以看到，从提出法制建设，到要求建立社会
主义市场经济法律体系，再到决定构建中国特色社会主义法律体系，直至
中共十八届四中全会提出建设中国特色社会主义法治体系，这些思想无一
不是改革开放实践推动的结果，也无一不是改革开放成果和经验的理论
化、系统化。因此，改革开放贯穿于中国特色社会主义法制思想形成发展
的全过程，并将继续贯穿于中国特色社会主义法制思想未来向纵深发展的
过程之中。

---

① 参见苗庆旺《论党的领导、人民当家作主和依法治国的统一性》，《人民文摘》2002 年
第 9 期。

三　中国特色社会主义法制思想形成发展之历史经验与启示

历史经验是人们在同客观事物接触的历史过程中获得的关于客观事物的现象和外部联系的认识。通过梳理改革开放 30 多年来中国共产党领导社会主义法治国家建设的历史，我们发现，中国共产党始终在解放思想、实事求是、与时俱进思想路线的指引下，不断推动中国法制建设理论的发展和完善。可以说，中国特色社会主义法制建设的历史就是中国共产党法制理论和法制实践不断创新的历史。

（一）坚持解放思想、实事求是、与时俱进的思想路线，中国特色社会主义法制思想才能永葆生机

"解放思想、实事求是""与时俱进"是中国特色社会主义法制思想向前发展的不竭动力。这一思想在法制建设中的具体体现是，它要求人们要尊重社会主义法制建设的全部"事实"，从这些"事实"及其相互联系中探求和把握法制建设的内在规律，而不是从书本出发、从教条出发。中国特色社会主义法制建设是一项前无古人的伟大事业，它的每一个发展阶段及每一个具体环节都会不断遇到新情况、新问题，这就要求中国共产党必须遵循基本认识规律，坚持实践标准，不断研究法制建设中的新情况，不断解决法制建设中的新问题，从而形成新的认识，开辟新的理论境界。从改革开放以来法制建设在各个阶段取得的理论成果和作出的历史贡献可以看出，中共历届中央领导集体在法制建设领域切实践行了解放思想、实事求是、与时俱进的思想路线。事实证明，没有解放思想就无法打破僵化、教条的法律思想，就不可能开创法制建设事业的新局面；没有实事求是就不能摒弃法制建设中的"爬行主义"和"拿来主义"，也就无法找准民主法制建设的结合点和着力点；没有与时俱进就不能把握法制建设的时代特征，更不可能实现法制思想的成长、成熟。

（二）全面推进法治建设的各个环节，中国特色社会主义法制思想才能更加丰富和完善

"法治的生命在于自身各个环节的协调发展和有效运行。"[1] 立法、执法、司法、守法构成了现代法治建设的基本环节，这几个基本环节只有做

---

[1]　陈金全主编：《新中国法律思想史》，人民出版社 2011 年版，第 344 页。

到相互配合、相互促进、协调一致，才能有效推动并最终顺利完成法治国家建设这一系统工程。建设中国特色社会主义法治体系也不例外。从中国法治建设的历程来看，中共十一届三中全会至中共十八大召开之前的30多年间，中国法治建设的重点集中在立法领域，自2011年宣布中国特色社会主义法律体系形成之后，中国法治建设的重点就从立法领域转移至执法、司法、守法等领域中来了。加强法律实施，确保已经制定出来的法律得到有效实行，是推进改革和法治建设的关键环节，也是解决法治建设中各种难题的重要突破口，因此，国家将当前法治建设的重点放在了加强法律实施上。与此相适应，中国特色社会主义法制思想也开始向进一步完善现有法律体系，规范政府立法，完善司法制度，加强法制宣传教育制度化等方面逐步转移，通过系统考虑、整体规划、科学设计、适时改革，使中国特色社会主义法律制度更加成熟，更加定型。可见，法治建设各个环节的不断推进为进一步拓宽中国特色社会主义法制思想的视野和空间提供了前提，也为中国特色社会主义法制思想内涵的丰富和完善提供了无限可能。

（三）坚持推进实践基础上的法治理论创新，中国特色社会主义法制思想才能不断向前发展

"创新是一个民族进步的灵魂，是一个国家兴旺发达的不竭动力，也是一个政党永葆生机的源泉。"① 理论创新是社会发展、变革的先导，一个民族要想走在时代的前列，就一刻也不能停止理论创新。在法制建设方面也是如此。要实现法律制度和法制思想的发展和变革，就必须不断推动实践基础上的法制理论创新。从中国特色社会主义法制思想发展历程的简要回顾中，我们可以看出，它是一个产生于实践，但又高于实践的思想理论体系。之所以说它高于实践就是因为它能够对法制建设中出现的新情况、新问题作出新的理性分析和解答，能够揭示法制的本质、规律并对法制发展变化的趋势作出科学的预见，实际上就是实现了法制理论创新，并通过法制理论创新带动了法制思想的革命。马克思主义法制思想中国化的轨迹也告诉我们，没有法制理论创新做基础、没有对原有法制理论体系和理论框架的新突破、没有对先前法制原理和研究方法的新修正和新发展、

---

① 《十六大以来重要文献选编》（上），中央文献出版社2011年版，第9页。

没有对法制理论禁区和未知领域的新探索，就不可能实现中国特色社会主义法制思想在新的历史条件下的更高层次的发展。

四 中国特色社会主义法制思想的未来发展

中国特色社会主义法制思想是改革开放以来中国法制建设的指导思想，它为中国法制建设的发展作出了巨大的历史贡献。随着国家法治建设实践的不断推进，它也必将会继续向前发展。从当前中国法治建设面临的新课题来看，我们需要进一步思考和研究以下几个问题。

（一）需要进一步研究中国传统法制文化如何走向现代化的问题

尽管中国古代法律体系在 1902 年沈家本修律的时候就已经解体了，但是一些沿用了数千年的法言法语，甚至是解决纠纷的习惯和思维方式仍然存在于现代社会中，深刻影响着人们的思想观念和日常行为。特别是近代以来，西方法律制度和法律思想的大量移植，使中国古代法及传统法的研究没有得到足够的重视，即使在研究中国古代法和传统法的时候也经常站在西方法律角度、使用西方法律语言，从而造成了传统法制文化与现代法治文化的分离、对立，甚至冲突。因此，如何挖掘中国古代传统法律思想中的精华，进而实现中国传统法制文化与现代法治原则和法治精神的"无缝对接"是今后法律史学界乃至执政党都需要认真思考的问题。

（二）需要进一步研究国家权力监督体系的设计及运行问题

科学有效的权力监督制约体系是建设现代法治国家的必然要求，不解决好这个问题，现代法治国家建设就是一句空话。自改革开放以来，中共就一直在努力探索建立运行有效的权力制约和监督体系，到目前为止，基本形成了党内监督、行政监督、法律监督、群众监督、民主党派监督和舆论监督在内的监督体系。但是，该监督体系目前仍存在一些问题亟待解决，表现为纵向监督体系不完善，横向制约机制不健全，导致监督体系乏力，权力滥用和权力腐败现象无法得到有效遏制。因此，中共必须继续加强对权力监督制约体系的研究与思考，既要主动借鉴资本主义权力运作模式的有益做法，也要积极探索社会主义国家权力配置的规律和有效形式，力争建立符合中国国情的权力监督制约体系。

（三）需要进一步研究执政党在宪法和法律范围内活动的制度设计

中共十八届四中全会对执政党与法治的关系作出了科学的分析和界

定，并将党内法规体系纳入了中国特色社会主义法治体系的范畴，为确保执政党在宪法和法律范围内活动提供了重要的制度保障。但是，就目前的状况来看，广大领导干部法治观念不强、法治思维不彰、法治能力不足等问题仍不同程度地存在，严重影响着法治中国建设的进程。因此，今后仍然需要下大力气研究并设计出科学有效的制度来规范执政党的行为。

从对中国特色社会主义法制思想发展历程、规律性特征、基本经验与启示的分析可知，尽管中国特色社会主义法制思想仍然面临着复杂艰巨的历史任务，但从根本上看，它凝聚了改革开放以来中共几代中央领导集体的心血和智慧，集阶段性与连续性、现实性与前瞻性于一身，融传统与现代、东方与西方法律思想文化于一体，是马克思主义法制思想与中国实际相结合，吸收借鉴西方法治思想文明的最新理论成果。它指导中国法制建设实践实现了一次又一次的飞跃，它也必将随着中国法治建设实践的发展不断结出新的理论果实。

参考文献

一 基本文献

[1] 中共中央马克思恩格斯列宁斯大林著作编译局编译:《马克思恩格斯选集》（第1卷—第4卷），人民出版社1995年版。

[2] 中共中央马克思恩格斯列宁斯大林著作编译局编译:《列宁选集》（第一卷—第四卷），人民出版社1995年版。

[3] 中共中央文献编辑委员会编:《毛泽东选集》（第一卷—第四卷），人民出版社1991年版。

[4] 中共中央文献编辑委员会编:《邓小平文选》（第一卷—第三卷），人民出版社1994、1993年版。

[5] 中共中央文献研究室编:《邓小平年谱》（一九七五——九九七）（上、下），中央文献出版社2004年版。

[6] 中共中央文献编辑委员会编:《江泽民文选》（第一卷—第三卷），人民出版社2006年版。

[7] 中共中央文献研究室编:《江泽民思想年编》（一九八九—二〇〇八），中央文献出版社2010年版。

[8] 胡锦涛:《论构建社会主义和谐社会》，中央文献出版社2013年版。

[9] 习近平:《习近平谈治国理政》，外文出版社2014年版。

[10] 董必武选集编辑组:《董必武选集》，人民出版社1985年版。

[11] 中共中央文献编辑委员会编:《叶剑英选集》，人民出版社1996年版。

[12] 中共中央文献编辑委员会编:《彭真文选》（一九四一——九九〇年），人民出版社1991年版。

［13］《彭真传》编写组：《彭真年谱》（第五卷），中央文献出版社 2012 年版。

［14］彭真：《论新中国的政法工作》，中央文献出版社 1992 年版。

［15］中共中央文献编辑委员会编：《万里文选》，人民出版社 1995 年版。

［16］乔石：《乔石谈民主与法制》（上、下），人民出版社 2012 年版。

［17］国务院新闻办公室：《中国特色社会主义法律体系》白皮书，人民出版社 2011 年版。

［18］中共中央宣传部编：《科学发展观学习读本》，学习出版社 2008 年版。

［19］国务院新闻办公室：《中国法制建设》白皮书，人民出版社 2008 年版。

［20］全国人大常委会办公厅研究室编：《中国特色社会主义法律体系形成大事记》，中国民主法制出版社 2011 年版。

［21］全国人大常委会法工委立法规划室编：《中华人民共和国立法统计》，中国民主法制出版社 2008 年版。

［22］中国法律年鉴编辑部编：《中国法律年鉴》（1987—2012 年），中国法律年鉴社 1987—2012 年版。

［23］中共中央文献研究室编：《建国以来重要文献选编》（第 1 册—第 20 册），中央文献出版社 1992—1997 年版。

［24］中共中央文献研究室编：《三中全会以来重要文献选编》（上、下），中央文献出版社 2011 年版。

［25］中共中央文献研究室编：《十二大以来重要文献选编》（上、中、下），中央文献出版社 2011 年版。

［26］中共中央文献研究室编：《十三大以来重要文献选编》（上、中、下），中央文献出版社 2011 年版。

［27］中共中央文献研究室编：《十四大以来重要文献选编》（上、中、下），中央文献出版社 2011 年版。

［28］中共中央文献研究室编：《十五大以来重要文献选编》（上、中、下），中央文献出版社 2011 年版。

［29］中共中央文献研究室编：《十六大以来重要文献选编》（上、中、下），中央文献出版社 2011 年版。

[30] 中共中央文献研究室编:《十七大以来重要文献选编》(上),中央文献出版社 2009 年版。

[31] 中共中央文献研究室编:《十七大以来重要文献选编》(中),中央文献出版社 2011 年版。

[32] 中共中央文献研究室编:《十七大以来重要文献选编》(下),中央文献出版社 2013 年版。

[33] 中共中央文献研究室编:《十八大以来重要文献选编》(上),中央文献出版社 2014 年版。

[34] 中共中央文献研究室编:《习近平关于全面依法治国论述摘编》,中央文献出版社 2015 年版。

[35] 《中共中央关于全面推进依法治国若干重大问题的决定》,人民出版社 2014 年版。

[36] 中共中央政法委员会编:《社会主义法治理念读本》,中国长安出版社 2009 年版。

[37] 公民道德建设实施纲要编写组编著:《公民道德建设实施纲要》学习读本,人民出版社 2001 年版。

[38] 人民日报社评论部:《"四个全面"学习读本》,人民出版社 2015 年版。

二 专著(按出版时间排序)

[1] 张瑞生、杨玉梅、曹玲莹:《邓小平法制思想研究》,西安出版社 1995 年版。

[2] 李龙主编:《依法治国论》,武汉大学出版社 1998 年版。

[3] 李龙主编:《依法治国——邓小平法制思想研究》,江西人民出版社 1998 年版。

[4] 陆云泉:《邓小平法制思想研究》,江苏人民出版社 1998 年版。

[5] 陈建新:《依法治国论》,中国检察出版社 1998 年版。

[6] 郭道晖:《中国立法制度》,人民出版社 1998 年版。

[7] 周旺生:《立法学》,法律出版社 1998 年版。

[8] 张晋藩主编:《中国法制通史》(第十卷),法律出版社 1999 年版。

[9] 公丕祥主编:《当代中国的法律革命》,法律出版社 1999 年版。

［10］季卫东：《法制秩序的建构》，中国政法大学出版社 1999 年版。

［11］蔡定剑：《历史与变革——新中国法制建设历程》，中国政法大学出版社 1999 年版。

［12］肖义舜主编：《共和国法制建设五十年》，中共中央党校出版社 2000 年版。

［13］龚廷泰：《列宁法律思想研究》，南京师范大学出版社 2000 年版。

［14］李光灿、吕世伦等主编：《马克思恩格斯法律思想史》（修订本），法律出版社 2001 年版。

［15］郝铁川：《依法治国与以德治国：江泽民同志治国思想研究》，上海人民出版社 2001 年版。

［16］刘海年、李林主编：《依法治国与法律体系的建构》，中国法制出版社 2001 年版。

［17］王立民：《法律思想与法律制度》，中国政法大学出版社 2002 年版。

［18］［英］约瑟夫·拉兹著：《法律体系的概念》，吴玉章译，中国法制出版社 2003 年版。

［19］金国华主编：《中国共产党法治思想研究》，中国社会出版社 2003 年版。

［20］朱力宇主编：《依法治国论》，中国人民大学出版社 2004 年版。

［21］孙国华主编：《邓小平理论、"三个代表"重要思想与中国民主法制建设导论》，中国人民大学出版社 2004 年版。

［22］孙国华主编：《中国特色社会主义法律体系前沿问题研究》，中国民主法制出版社 2005 年版。

［23］沈国明、王立民主编：《二十世纪中国社会科学·法学卷》，上海人民出版社 2005 年版。

［24］李林：《立法理论与制度》，中国法制出版社 2005 年版。

［25］俞可平主编：《依法治国与依法治党》，中央编译出版社 2007 年版。

［26］李林、王家福主编：《依法治国十年回顾与展望》，中国法制出版社 2007 年版。

［27］蔡定剑、王晨光主编：《中国走向法治 30 年》，社会科学文献出版社 2008 年版。

［28］付子堂：《马克思主义法律思想研究》，高等教育出版社 2008 年版。

［29］刘海年、李步云、李林主编：《依法治国建设社会主义法治国家》，社会科学文献出版社 2008 年版。

［30］蒋传光：《邓小平法制思想概论》，人民出版社 2009 年版。

［31］张晋藩：《中国法律的传统与近代转型》，法律出版社 2009 年版。

［32］何勤华主编：《社会主义法律体系研究》，法律出版社 2009 年版。

［33］吴志攀、刘俊主编：《中国法制建设研究》，中国人民大学出版社 2009 年版。

［34］孙国华主编：《中国特色社会主义法律体系研究——概念、理论、结构》，中国民主法制出版社 2009 年版。

［35］齐鹏飞主编：《中华人民共和国国史》，中国人民大学出版社 2009 年版。

［36］李婧：《中国特色社会主义法律体系构建研究》，东北师范大学出版社 2010 年版。

［37］李林主编：《依法治国与法律体系形成》，中国法制出版社 2010 年版。

［38］米健：《当今与未来世界法律体系》，法律出版社 2010 年版。

［39］朱景文、韩大元主编：《中国特色社会主义法律体系研究报告》，中国人民大学出版社 2010 年版。

［40］齐鹏飞、温乐群主编：《20 世纪的中国——走向现代化的历程（政治卷 1949—2000）》，人民出版社 2010 年版。

［41］蒋传光：《新中国法治简史》，人民出版社 2011 年版。

［42］朱景文主编：《中国法律发展报告 2010·中国立法 60 年——体制、机构、立法者、立法数量》（上、下），中国人民大学出版社 2011 年版。

［43］陈金全主编：《新中国法律思想史》，人民出版社 2011 年版。

［44］吕晓杰、韩立余、黄东黎、史晓丽、杨国华编：《入世十年法治中国》，人民出版社 2011 年版。

［45］季卫东：《法制构图》，法律出版社 2012 年版。

［46］顾祝轩：《民法系统论思维：从法律体系转向法律系统》，法律出版社 2012 年版。

［47］韩大元主编：《中国宪法学说史研究》（上、下），中国人民大学出

版社 2012 年版。

[48] 蒋传光：《中国特色法制路径的理论探索》，中国法制出版社 2013
年版。

[49] 蒋传光主编：《马克思主义法律思想中国化理论与实践研究》，中国
法制出版社 2013 年版。

[50] 公丕祥、蔡道通主编：《马克思主义法律思想通史》（第三卷），南
京师范大学出版社 2014 年版。

[51] 公丕祥主编：《全面依法治国》，江苏人民出版社 2015 年版。

[52] 沈国明：《全面推进依法治国》，上海人民出版社 2015 年版。

[53] 李林主编：《中国：在新起点上全面推进依法治国》，中国社会科学
出版社 2015 年版。

三　博士学位论文

[1] 刘义生：《建国后中国共产党法治思想研究》，北京师范大学
1994 年。

[2] 谭福晓：《论中国特色社会主义法律体系的形成和发展》，中国人民
大学 2007 年。

[3] 杨晖：《中国国特色社会主义法律体系形成轨迹研究》，河北师范大
学 2008 年。

[4] 陈根强：《江泽民法制思想研究》，华东师范大学 2008 年。

[5] 边宇海：《法治：治国理政基本方式的深刻变革》，上海社会科学院
2015 年。

四　报纸、期刊论文（按发表时间排序）

[1] 沈宗灵：《论我国社会主义法律体系》，《中国政法大学学报》1983
年第 3 期。

[2] 蔡定剑：《浅论社会主义法的基本特征》，《法学评论》1984 年第
3 期。

[3] 江平：《完善市场经济法律制度的思考》，《中国法学》1993 年第
1 期。

[4] 张文显：《加快建立市场经济法律体系》，《新长征》1994 年第

10 期。

[5] 蒋立山：《中国法制（法治）改革的基本框架与实施步骤——邓小平民主法制思想的启示》，《中外法学》1995 年第 6 期。

[6] 孙国华、朱景文：《邓小平民主与法制思想是毛泽东思想的继承和发展》，《政治学研究》1996 年第 2 期。

[7] 乔伟：《邓小平法制思想论纲——建设有中国特色的社会主义法制》，《文史哲》1997 年第 3 期。

[8] 谭晓钟：《论彭真的法制思想》，《毛泽东思想研究》1997 年第 6 期。

[9] 周世中：《依法治国　建立有中国特色的社会主义法律体系》，《理论前沿》1998 年第 3 期。

[10] 王维澄：《关于有中国特色社会主义法律体系的几个问题》，《求是》1999 年第 14 期。

[11] 郭成伟、马志刚：《历史境遇与法系构建：中国的回应》，《政法论坛（中国政法大学学报)》2000 年第 5 期。

[12] 李龙、范进学：《论中国特色社会主义法律体系的科学建构》，《法制与社会发展》2003 年第 5 期。

[13] 刘松山：《中国特色社会主义法律体系的范围、构成与标志》，《红旗文稿》2003 年第 13 期。

[14] 郭跃军、张东梅：《从毛泽东邓小平到江泽民：社会主义法制建设的历史发展》，《河北法学》2004 年第 4 期。

[15] 孙振中：《对中国特色社会主义法律体系的定义》，《政法论丛》2005 年第 6 期。

[16] 严励：《马克思主义法律思想的发展与创新——以中共三代领导集体核心的法律观为视角》，《法治论丛》2006 年第 3 期。

[17] 卢华锋、牛玉兵：《三代领导人法制思想探析》，《电子科技大学学报》（社科版）2006 年校庆专辑。

[18] 吴占英：《坚持科学发展观　不断完善社会主义法律体系》，《光明日报》2008 年 9 月 17 日第 7 版。

[19] 周叶中、伊士国：《中国特色社会主义法律体系的发展与回顾——改革开放 30 年中国立法检视》，《法学论坛》2008 年第 4 期。

[20] 廖奕：《法理话语的均衡实践——论"中国特色社会主义法律体系"

的建构》，《新视野》2009 年第 2 期。

[21] 刘先春、朱延军、朱莉：《新中国 60 年法律体系建设研究》，《北京社会科学》2009 年第 5 期。

[22] 徐显明：《论中国特色社会主义法律体系的形成和完善》，《人民日报》2009 年 3 月 12 日第 11 版。

[23] 李婧、田克勤：《完善中国特色社会主义法律体系的几点思考》，《高校理论战线》2009 年第 3 期。

[24] 杨晖：《从历史轨迹看中国特色社会主义法律体系的形成主线》，《河北师范大学学报》（哲学社会科学版）2009 年第 2 期。

[25] 钱大军、马国强：《论我国法律体系构建的误区》，《政治与法律》2010 年第 1 期。

[26] 李林：《进一步完善中国特色社会主义法律体系》，《学习时报》2010 年 3 月 8 日第 5 版。

[27] 李林：《收官之年：中国特色社会主义法律体系将如期形成》，《中国社会科学报》2010 年 7 月 1 日第 B06 版。

[28] 李林：《法律体系形成的五项标准》，《人民日报》2010 年 6 月 23 日第 16 版。

[29] 刘茂林、王从峰：《论中国特色社会主义法律体系形成的标准》，《法商研究》2010 年第 6 期。

[30] 苗连营：《当代中国法律体系形成路径之反思》，《河南社会科学》2010 年第 5 期。

[31] 万其刚：《关于中国特色社会主义法律体系的提出和形成》，《民主》2011 年第 2 期。

[32] 李林：《深入开展中国特色社会主义法律体系理论研究》，《中国人大》2011 年第 3 期。

[33] 李林：《完善中国特色社会主义法律体系任重道远》，《中国司法》2011 年第 4 期。

[34] 王立民：《完善中国特色社会主义法律体系任务艰巨》，《探索与争鸣》2011 年第 4 期。

[35] 伊士国：《论中国特色社会主义法律体系形成的基本规律》，《社会主义研究》2011 年第 4 期。

[36] 刘书祥：《中国特色社会主义法律体系形成的历史回顾》，《求知》2011 年第 4 期。

[37] 陈斯喜：《中国特色社会主义法律体系的形成、特征与完善》，《中国党政干部论坛》2011 年第 5 期。

[38] 张卓明：《完善法律体系的司法路径》，《法学》2011 年第 8 期。

[39] 黄文艺：《构建中国特色社会主义法律理论体系》，《社会科学战线》2011 年第 11 期。

[40] 薄振峰、张建升：《中国实证主义立法价值的检讨——中国特色社会主义法律体系建成之后的思考》，《北京行政学院学报》2012 年第 3 期。

[41] 徐显明：《中国法治发展的十个趋势判断》，《法制资讯》2012 年第 8 期。

[42] 郭忠：《完善中国特色社会主义法律体系要重视法律道德基础建设》，《高校理论战线》2012 年第 12 期。

[43] 吕廷君：《建设中国特色社会主义法治体系》，《新视野》2013 年第 1 期。

[44] 魏治勋：《从法律体系到法治体系——论党的十八大对中国特色社会主义法治体系的基本建构》，《北京行政学院学报》2013 年第 1 期。

[45] 朱振：《中国特色社会主义法治话语体系的自觉建构》，《法制与社会发展》2013 年第 1 期。

[46] 聂秀华、邱飞：《对构建中国特色社会主义"法治体系"的理论思考——学习党的十八大关于法治建设的论述》，《齐鲁学刊》2013 年第 2 期。

[47] 冯玉军：《论完善中国特色社会主义法律体系的基本原则》，《哈尔滨工业大学学报》（社会科学版）2013 年第 4 期。

[48] 伊士国：《社会主义法治国家建设的新纲领——论党的十八大对新时期建设社会主义法治国家的重要贡献》，《湖北社会科学》2013 年第 5 期。

[49] 姚建宗、董政：《中国特色社会主义法律基本原理释论》，《学习与探索》2013 年第 6 期。

［50］张娜：《中国特色社会主义法治体系构建的难点与对策》，《西安电子科技大学学报》（社会科学版）2013 年第 6 期。

［51］孙谦：《走中国特色社会主义法治道路》，《求是杂志》2013 年第 6 期。

［52］袁曙宏：《深化行政执法体制改革》，《光明日报》2013 年 11 月 27 日第 2 版。

［53］赵忠江：《社会主义法治思想的丰富与发展——党的十八大对新时期法治思想的贡献》，《沈阳师范大学学报》（社会科学版）2014 年第 1 期。

［54］姜伟：《保障人民群众参与司法》，《光明日报》2014 年 11 月 27 日第 1 版。

［55］袁曙宏：《健全依法决策机制》，《经济日报》2014 年 11 月 27 日第 8 版。

［56］李林：《习近平法治观八大要义》，《人民论坛》（下）2014 年 11 月。

［57］秦前红、苏绍龙：《从"以法治国"到"依宪治国"——中国共产党法治方略的历史演进和未来面向》，《学术前沿》（下）2014 年第 11 期。

［58］周叶中：《中国国家治理形态的全新发展阶段——全面推进依法治国的深远战略意义》，《学术前沿》（下）2014 年第 11 期。

［59］高虎城：《全面推进政务公开》，《人民日报》2014 年 12 月 4 日第 7 版。

［60］莫纪宏：《全面推进依法治国是实现国家治理体系和治理能力现代化的重要保证》，《当代世界》2014 年第 12 期。

［61］姜明安：《完善法治体系，建设法治国家》，《行政法论丛》2014 年第 12 期。

［62］王利明：《从法律体系迈向法治体系》，《中国高等教育》2014 年第 22 期。

［63］莫于川：《依法治国战略方针与法治一体建设路向》，《社会主义研究》2015 年第 1 期。

［64］杨小军：《习近平法治思想研究》，《行政管理改革》2015 年第

1 期。

[65] 陈金钊、宋保振：《法治体系及其意义阐释》，《山东社会科学》2015 年第 1 期。

[66] 马长山：《"全面推进依法治国"需要重建法治价值观》，《国家检察官学院学报》2015 年第 1 期。

[67] 包心鉴：《全面推进依法治国与中国特色社会主义》，《理论与改革》2015 年第 1 期。

[68] 俞可平：《依法治国的政治学意蕴》，《探索与争鸣》2015 年第 2 期。

[69] 陶厚勇、金怡顺：《全面推进依法治国：背景、基本特征和路径》，《广西社会主义学院学报》2015 年第 2 期。

[70] 邹庆国：《党领导依法治国的推进路向与制度构建》，《新视野》2015 年第 2 期。

[71] 汪习根：《全面推进人权法治建设的行动纲领——十八届四中全会精神的人权解读》，《浙江社会科学》2015 年第 2 期。

[72] 石云霞：《习近平依法治国思想研究》，《思想理论教育导刊》2015 年第 2 期。

[73] 公丕祥：《中国特色社会主义法治的鲜明特点及其理论逻辑》，《南京社会科学》2015 年第 3 期。

[74] 蒋传光：《全面推进依法治国的新起点和路线图》，《马克思主义研究》2015 年第 3 期。

[75] 蒋传光：《依宪治国、依宪执政：全面推进依法治国的基石》，《上海师范大学学报》（哲学社会科学版）2015 年第 3 期。

[76] 江必新：《坚定不移走中国特色社会主义法治道路》，《法学杂志》2015 年第 3 期。

[77] 付子堂：《实质法治：中国法治发展之进路》，《学术交流》2015 年第 3 期。

[78] 封丽霞：《法治与转变党的执政方式——理解中国特色社会主义法治的一条主线》，《法制与社会发展》2015 年第 5 期。

[79] 张忠军、张立伟：《习近平全面依法治国思想论纲》，《中共中央党校学报》2015 年第 6 期。

［80］陈洪玲：《全面依法治国的内涵及其战略地位》，《山东社会科学》2015 年第 7 期。

［81］王建国：《法治体系是对法律体系的承继和发展》，《法学》2015 年第 9 期。

［82］王立民：《中国在依法治国中实现跨越的法治意义》，《学术月刊》2015 年第 9 期。

［83］吴玉章：《权力制度化的难点及法律思考》，《北方法学》2016 年第 1 期。

［84］张恒山：《中国特色社会主义法治建设的理论基础》，《法制与社会发展》2016 年第 1 期。

［85］郭亮、陈金全：《思想史视阈下法治中国的若干问题》，《求索》2016 年第 1 期。

［86］李林：《论习近平全面依法治国的新思想新战略》，《法学杂志》2016 年第 5 期。

五 网络资源

［1］中国人大网法律法规信息库：http：//law. npc. gov. cn.

［2］国务院法制办法律法规全文检索系统：http：//search. china - law. gov. cn/search2. html.

［3］北大法律信息网：http：//www. chinalawinfo. com/.

致　谢

　　本书是笔者博士论文的"升级版"。经过多次修改补充，自己的处女作终于以学术专著的形式呈现在读者面前，心里不禁充满了欣慰和感激之情。

　　在博士论文选题和撰写过程中，笔者的导师中国石油大学（北京）董贵成教授、中国人民大学齐鹏飞教授予以了悉心指导；

　　中国人民大学张新教授、陶文昭教授、张云飞教授提出了很多宝贵的意见和建议；

　　本书的另一作者，中共岳阳市委党校刘宇赤研究员，在本书撰写期间多次参与讨论，论文完成后又提议进一步改写为专著，并对原有结构作了部分调整，就有关内容进行了修改、补充和完善，最后审校全书；

　　中国石油大学（北京）、中共岳阳市委党校及许多老师、同事、同学为笔者的工作、学习、研究提供了多方面的帮助。

　　在此，一并表示最诚挚的谢意！

杜艳艳谨识

2016 年 12 月